em torno da mente

ILUSTRAÇÕES: SERGIO KON

Coleção Big Bang
Dirigida por Gita K. Guinsburg

*Supervisão editorial:* J. Guinsburg
*Edição de texto:* Marcio Honorio de Godoy
*Revisão de provas:* Jonathan Busato
*Capa e projeto gráfico:* Sergio Kon
*Produção:* Ricardo Neves, Sergio Kon e Raquel Fernandes Abranches.

Ana Carolina Guedes Pereira

em torno da mente

PERSPECTIVA

Dados Internacionais
de Catalogação na Publicação (CIP)
(Câmara Brasileira do Livro, SP, Brasil)

Pereira, Ana Carolina Guedes
  Em torno da mente / Ana Carolina Guedes Pereira. – São Paulo : Perspectiva, 2010. – (Coleção Big Bang / dirigida por Gita K. Guinsburg)

1. reimpr. da 1. ed. de 2009
ISBN 978-85-273-0851-9

1. Aprendizagem - Aspectos fisiológicos 2. Ciência - Filosofia 3. Cérebro - Fisiologia 4. Filosofia da mente 5. Neurociência cognitiva 6. Neurociências 7. Processos mentais - Fisiologia
I. Guinsburg, Gita K. II. Título. III. Série.

09-00387                                                         CDD-616.8

Índices para catálogo sistemático:
1. Neurociências : Medicina    616.8

1ª edição – 1ª reimpressão

Direitos reservados à

EDITORA PERSPECTIVA S.A.

Av. Brigadeiro Luís Antônio, 3025
01401-000 São Paulo SP Brasil
Telefax: (011) 3885-8388
www.editoraperspectiva.com.br

2010

# Sumário

Prefácio [Scott A. Small] — 11
O Cérebro no Espelho [Eduardo Giannetti] — 15
Introdução e Agradecimentos — 19

1. Memória — 31
2. O Problema Corpo-Mente — 41
3. Viver, Morrer e Significar — 49
4. A Percepção e Criação do Belo — 57
5. Complexidades e Causalidades — 65
6. Realidade e Ciência — 73
7. Eu e o Outro — 87
8. Depressão e Felicidade — 93
9. Liberdade e Ética — 101
10. Quem Somos? — 105
11. Uma Breve Reflexão sobre o Tempo — 111
12. Escolhas e Balanças — 115
13. Emoção — 123
14. Malhas e Fios — 129
15. Consciência — 135

À minha mãe, Virgínia

# Prefácio

O conhecimento, em particular o conhecimento de questões complexas, pode ser transmitido de diversas maneiras. Na mais comum, em livros-textos, a informação é disponibilizada de modo seriado, começando pelos conceitos simples, que então são intencionalmente construídos desde seus fundamentos, cada ideia no topo de uma nova ideia. Alternativamente, o corpo do conhecimento pode ser fraturado *in toto*, podendo cada fragmento ser explicado em sua plena complexidade, sem entendimentos ou assunções prévias. Em contraste com a primeira abordagem, determinista, a segunda é mais impressionista, emergindo a compreensão como um quebra-cabeças, e não como uma cadeia de conceitos interligados. Como foi demonstrado por Nietzsche, por exemplo, a segunda abordagem é amiúde uma maneira mais eficiente de se compreender um corpo complexo de conhecimento a ressoar com mecanismos cerebrais de codificação e processamento de informação. Se não for nada mais, a segunda abordagem é, ao menos, tipicamente um modo mais prazeiroso de aprender. Entretanto, para que esta abordagem funcione, o transmissor do conhecimento deve ser dotado de um intelecto nuançado, bem como de aptidões literárias de comunicação.

Em seu livro, a dra. Ana Pereira dispôs-se ambiciosamente a utilizar a segunda abordagem a fim de veicular a neurociência de complexos pensamentos e emoções. Coisa notável, este livro maravilhosamente escrito – repleto de profundo *insight*, mas igualmente compassivo e espirituoso – atinge sua meta, e ao final, o leitor terá aprendido muito sobre os funcionamentos internos de nossas mentes. Eu digo "notável" apenas porque os ambiciosos objetivos do livro foram alcançados, e não porque tenha me surpreendido com seu bom resultado. Tive o prazer de conhecer Ana – e sua inteligência única–, quando ela trabalhou em meu laboratório como *fellow* em seu pós-doutorado. Foi durante esse período que cheguei a perceber que Ana era não somente uma neurocientista dotada e diligente, mas que seus interesses estendiam-se amplamente para a filosofia, a literatura e as artes. Trabalhamos próximos um do outro, planejando experimentos, revisando resultados e redigindo manuscritos, e não era incomum que as discussões saíssem do estritamente científico para cobrir tópicos mais universais da vida e do viver. Tipicamente, via e-mails da meia-noite, Ana enviava-me

os textos em que estava trabalhando e nos quais dava asas à sua elevada mente para voar, deixando para trás o terra-a-
-terra da biomedicina, articulando com assombrosa clareza a maneira como a neurociência pode entrefolhear-se com a ética, a apreciação da arte, e até mesmo com o cerne das emoções que nos definem como humanos. Não estou surpreso, portanto, com as consecuções desse ambicioso livro.

Este livro é um raro regalo escrito por uma neurocientista com rara perícia.

SCOTT A. SMALL, MD  
Professor de neurologia e neurociência  
da Columbia University, de Nova York.

# O Cérebro no Espelho da Mente

Conhece-te a ti mesmo, exorta o preceito inscrito no templo de Apolo. Mas ao seguir a máxima grega o cérebro humano se descobre esfinge de si próprio. Visto de fora, a olho nu, o que é? Uma pelota enrugada e viscosa; um quilo e meio de miolos cinzentos; redes e feixes de luz variável projetadas numa tela de alta definição. Vivido por dentro, contudo, olhos metidos no avesso subjetivo de si, que transformação – que profusão de delícias e tormentos, lembranças e desejos, ideias e sensações! Se o cérebro de alguém for transplantado para outro corpo, a identidade da pessoa e todo o seu universo mental vão junto. Como é possível que de uma massa borrachuda e gosmenta alojada em nossos crânios desponte o mistério de uma vida interior?

O problema da relação mente-cérebro tem ocupado filósofos e teólogos há mais de dois mil anos. As linhas mestras das duas principais abordagens e hipóteses em disputa – fisicalismo e mentalismo – foram claramente esboçadas no embate entre o atomismo de Demócrito e o idealismo de Platão, autor do *Fédon*. Durante os últimos três séculos, a *pax cartesiana* permitiu de certo modo acomodar essas duas posições, garantindo uma convivência razoavelmente pacífica entre elas. Nas últimas décadas, porém, o equilíbrio dualista rompeu-se. A disputa é ferrenha.

A grande novidade é o ingresso da neurociência e da microbiologia no recinto dessa antiga questão – uma área até pouco tempo vedada a uma abordagem empírica rigorosa. O biólogo francês François Jacob, ganhador do Nobel de medicina e fisiologia em 1965, faz uma previsão e propõe um desafio: "Somos uma temível mistura de ácidos nucléicos e lembranças, de desejos e proteínas. O século que termina [xx] ocupou-se muito de ácidos nucléicos e de proteínas. O seguinte vai concentrar-se sobre as lembranças e os desejos. Saberá ele resolver essas questões?" Eis a pergunta em torno da qual gravitam – e para a qual sempre retornam, por diversos ângulos e caminhos – os 15 ensaios reunidos na coletânea *Em Torno da Mente*.

Livro de estreia de Ana Carolina Guedes Pereira, jovem médica e neurocientista brasileira com formação na Universidade de Columbia, nos EUA, onde trabalhou sob a supervisão de Eric R. Kandel (prêmio Nobel e grande *expert* mundial no estudo da formação da memória de longo prazo) o livro oferece ao leitor, em linguagem elegante e acessível a não especialistas, um panorama amplo, claro e competente das linhas de pesquisa no estudo científico da relação cérebro-mente, bem como reflexões sobre as inúmeras perplexidades e as possíveis implicações metafísicas, éticas e existencias dos resultados até aqui obtidos e, principalmente, daquilo que podemos esperar no futuro graças ao avanço desse programa de pesquisa.

O que esperar da ciência? Ana Carolina evita os extremos não só do ceticismo e do relativismo, para os quais a objetividade científica é apenas ilusória, mas também do triunfalismo tecno-cientificista, para o qual a ciência é capaz de responder sozinha a toda e qualquer pergunta ou inquietação humana. A visão que transparece da leitura dos ensaios é madura, cuidadosa e ponderada. A ciência deve ser respeitada e defendida dos seus detratores, mas isso não significa perder de vista os limites da objetividade científica quando o que está em jogo é a busca de sentido, a escolha ética e a experiência única e subjetiva de cada ser humano. "A missão da ciência", sustenta o físico Niels Bohr, "é reduzir todos os mistérios a trivialidades". Pois bem. Suponha que a ciência finalmente cumpriu a sua missão e conseguiu eliminar com sucesso, um a um, todos os mistérios do mundo. Restará ainda, inexpugnável, o derradeiro enigma: o mistério da trivialidade de tudo.

O método científico, herdeiro da abordagem corpuscular dos atomistas gregos, baseia-se na crença de que a explicação última de todos os fenômenos do universo físico – cérebro humano incluso – encontra-se na interação de partículas físicas e químicas no âmbito de sua microestrutura: o comportamento do todo resulta da interação das partes. O mundo mental é algo a ser explicado, mas ele nada explica. Esse método, é verdade, revelou-se extraordinariamente eficaz na explicação e domínio tecnológico da natureza externa. Mas será ele capaz de resolver o mistério da vida autoconsciente? Será ele capaz de elucidar, como indaga Ana Carolina, o grande *conundrum* do cérebro: o mecanismo exato por meio do qual "a atividade elétrica dos neurônios se transforma na experiência subjetiva de cada indivíduo"?

A principal contribuição de *Em Torno da Mente* é mostrar o poder do reducionismo científico e o potencial de novas tecnologias médicas que ele permite antecipar, mas sem deixar de apontar os riscos morais que a manipulação da mente representa e os prováveis limites dessa estratégia cognitiva no tocante à relação cérebro-mente. Um diálogo entre os protagonistas de *Afinidades Eletivas*, o grande romance de Goethe, poderia servir-lhe de epígrafe. "Era comum honrarem-se os químicos chamando-os de mestres na arte de separar uma coisa da outra", afirma Eduard; ao que Charlotte responde: "Maior arte e mérito consiste em unir – um artista da integração em qualquer área da ciência seria bem-vindo no mundo inteiro". É com grande alegria que saúdo neste livro de estreia de Ana Carolina, adepta da neurociência e da poesia, da razão e da sensibilidade, o despontar de uma jovem, talentosa e promissora artista da integração.

EDUARDO GIANNETTI
Ibmec São Paulo

# Introdução e Agradecimentos

Eu escrevi estes ensaios no meu tempo livre durante meus felizes anos na Universidade de Columbia, em Nova York, como neurocientista. Tendo passado pela escola médica e deixando-a com uma melhor compreensão de fisiologia, estados doentios e sofrimento humano, e, neste momento, fazendo pesquisa, usando as metodologias científicas e compartilhando com colegas a entusiasmante experiência de criar, testar ideias e realizar descobertas, juntamente com o meu sempre insaciável almejo pelos tópicos filosóficos que a vida nos impõe, pensei que poderia, de alguma forma, tentar combiná-los.

Tal aliança podia apenas prometer ser frutífera. As ciências, de sua parte, poderiam ter em mãos as importantes questões da vida que têm sido refletidas e analisadas durante séculos por filósofos. As humanidades, de outro lado, poderiam desfrutar de uma base empírica e estariam mais próximas de ter suas ideias validadas ou falsificadas, já que a ciência fornece um amparo mais direto e estruturado para esse objetivo. Nestes ensaios, tento analisar questões como aprendizagem, memória, percepção, envelhecimento, existência temporal, consciência, emoção, individualidade com a visão das ciências biológicas e procurando não me desprender, mas, ao contrário, ser enriquecida pelos significantes aspectos humanos e pelo meu olhar pessoal. Fiz uma tentativa e devo confessar que me regozijei imensamente com este empreendimento a que me levei e fui levada.

É claro, o que pude escrever foi sobre o início de uma longa jornada que as ciências e as humanidades apenas iniciaram, conjuntamente, em maior profundidade. E esperamos que muitos novos *sights* e *insights* surjam nesta viagem. A neurociência, área por mim muito estimada e majoritariamente dirigida nestes ensaios, promete ser uma importante ferramenta para construir a ponte entre as ciências, que se concernem com a natureza do mundo físico, e as humanidades, que se concernem com a natureza da experiência humana.

Eu gostaria de oferecer as minhas palavras mais carinhosas e de agradecimento ao meu querido mentor e amigo Scott Small, que não apenas galvanizou as nossas excitações intelectuais, mas também me deu a liberdade de tempo e mente para as minhas próprias buscas. Tenho também de expressar infinita gratidão e dívida à minha maravilhosa família.

Notas especiais reservo à minha incrível avó Célia, de quem recebi incomensurável confiança e apoio durante minha vida inteira; meus adoráveis tio e tia-pais Roberto e Malu Viana, com quem aprendi a crescer perceptualmente, sentimentalmente e intelectualmente e a enxergar a vida com olhos mais amantes; minha irmã Paula e meus irmãos Bruno e Eduardo, com quem eu tive a alegria de compartilhar minha infância e de sempre cultivar fortes laços; Otília, por sua imensa dedicação a todos nós; minha tia Patrícia, por sua amizade calorosa e genuína, e meus pais Virgínia e Jesualdo, pela grande coragem e esforço de nos criar com organização e amor. Minha gratidão especial à influência intelectual que os trabalhos de Eric R. Kandel e Eduardo Giannetti exercem na minha vida.

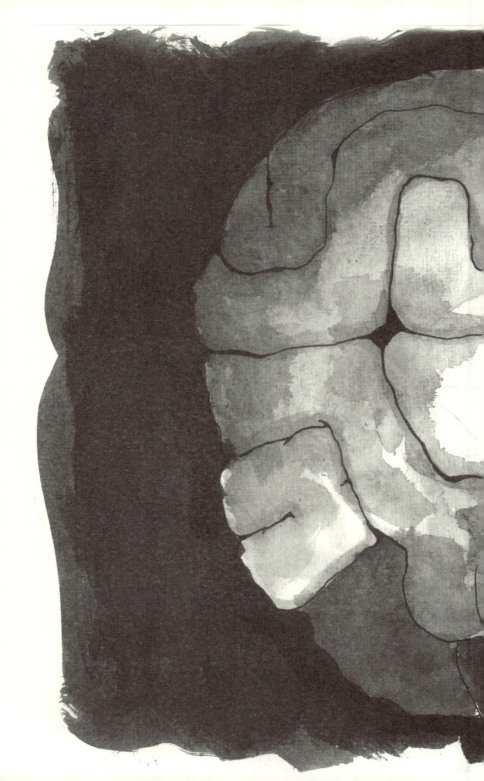

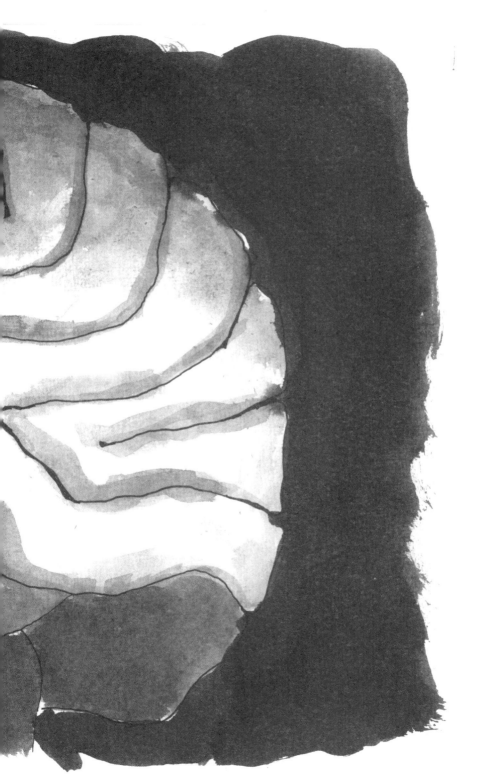

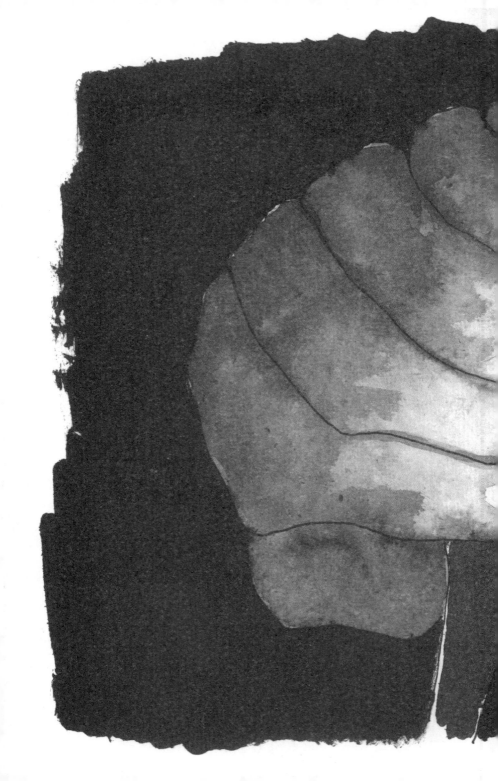

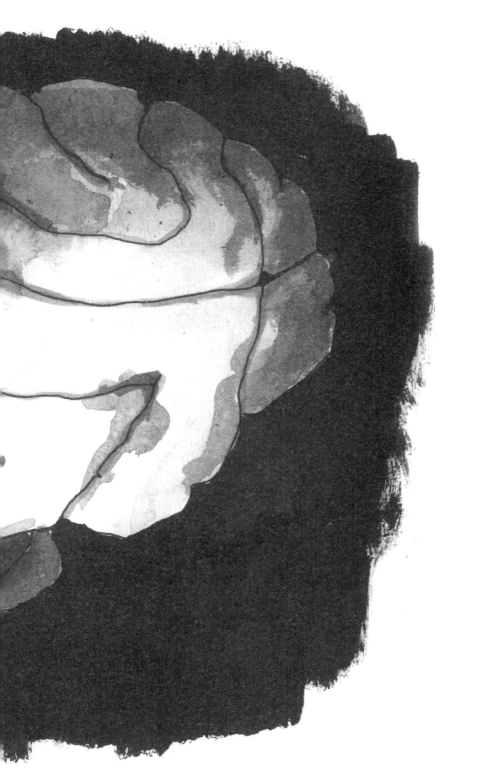

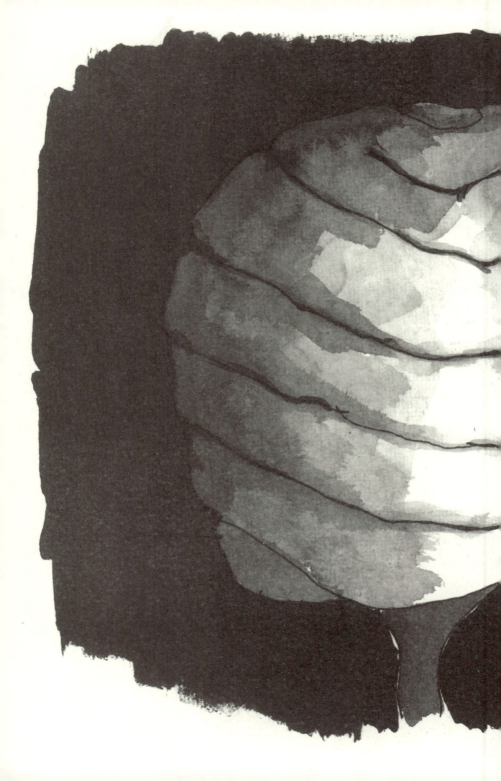

# 1.
# Memória

Após a vigésima vez que a dra. Brenda Milner entrou no quarto para visitar o mesmo paciente, de iniciais H. M., ela ainda tinha que se apresentar: "Sou a dra. Milner". E ela sabia que sempre que o encontrasse, teria que fazê-lo novamente. H. M., quando criança, sofreu um trauma craniano em um acidente de bicicleta que o levou a ter inúmeras e incapacitantes crises epilépticas, intratáveis com medicações. H. M. foi, então, submetido a uma cirurgia, em 1953, para remover ambos os hipocampos e regiões adjacentes (áreas do cérebro onde residiam o foco que gerava suas crises epilépticas). Após a cirurgia, sua epilepsia foi controlada; entretanto, H. M. perdeu a capacidade de formar novas memórias. Ele não conseguia, por exemplo, memorizar os espaços da nova casa para onde se mudou depois da operação, mesmo anos após a mudança; não se lembrava das pessoas que conheceu após a cirurgia, como a dra. Milner, que o via regularmente e tinha de se apresentar a cada consulta como se eles nunca tivessem se cruzado antes; não se reconhecia no espelho ou em fotografias recentes, já que ele só tinha recordações de si próprio antes da cirurgia. H. M. perdeu sua identidade; mais ainda, ele não mais podia aprender a "ser". Afinal, é através da memória que constantemente aprendemos a nos adaptar a um ambiente de incessante transformação, que rapidamente herdamos milhares de anos de conhecimentos acumulados durante a história da humanidade, que recordamos quem fomos e o que foi, permitindo-nos planejar o futuro.

Através do caso clássico do paciente H. M., ficou claro que o hipocampo é uma estrutura cerebral essencial para transformar memórias de curto em longo prazo. H. M. passou a ter uma imensa dificuldade para conscientemente aprender novos fatos e episódios da sua vida. Entretanto, conseguia lembrar-se vividamente da sua infância, repetir uma sequência de números aprendida durante alguns segundos ou minutos até distrair-se e esquecer-se de tudo, e aprender novas habilidades motoras. O paciente recebeu, por exemplo, a tarefa de copiar a imagem reflexa de uma estrela durante vários dias. A cada dia, H. M. jurava que jamais havia visto aquela estrela antes. No entanto, seus desenhos provavam o contrário, claramente progredindo dia após dia, ao mesmo passo de uma pessoa normal. Lições muito importantes puderam ser tomadas do caso de H. M. Primeiro, existem diferentes tipos de memórias, que podem ser processadas de modo consciente e inconsciente; segundo, as memórias não estão dispersas difusamente no cérebro, como muitos acreditavam. Áreas cerebrais distintas e específicas estão envolvidas nos diferentes tipos e estágios da formação e consolidação da memória.

Sabe-se que o hipocampo é responsável por codificar conscientemente memórias relacionadas a pessoas, objetos e espaço, como associar o nome de uma pessoa a um rosto, lembrar-se de uma rua a que você foi dias antes. As memórias que perduram são transferidas ao córtex cerebral (o córtex, também chamado de substância cinza, é a camada mais exterior do cérebro, densamente empacotada com o corpo celular dos neurônios). Isto explica por que H. M. conseguia recordar sua infância, seu passado antigo, mesmo sem os hipocampos. H. M. também podia lembrar uma sequência de múltiplos números por curtíssimo tempo, o que requer a atividade de outra área cerebral, chamada córtex pré-frontal. Ainda mais, realizar atos motores que se tornam "automáticos" e não requerem atenção consciente, como andar de bicicleta, representa outro tipo de memória e envolve outras regiões, como o cerebelo (na porção posterior). H. M. claramente não foi afetado nessas tarefas, como seus desenhos mostraram.

O caso de H. M. nos ensinou ainda, em outro nível, que o conhecimento do funcionamento cerebral e de seus mecanismos gerais também pode vir de bons estudos de casos individuais. Casos clínicos, ricos em suas nuances e sua unicidade, podem dar o salto para o geral, o conhecimento universal mirado pela ciência. Da história de H. M. e seus hipocampos removidos ao entendimento do processamento da memória no cérebro humano. Por outro lado, a ciência, em seu universo objetivo e genérico, busca também o particular. Como explicar a natureza física da memória subjetiva? Como ocorre no cérebro a sua memória, que é absolutamente exclusiva, de um encontro com uma pessoa amada, ou a lembrança de um jantar alegre com seus amigos ou de uma experiência de intensa emoção que você vivenciou unicamente anos atrás? H. M. e a memória ilustram a conspícua tensão existente entre o particular e o universal.

Onde moram a memória e a aprendizagem no cérebro humano? Como a memória e a aprendizagem são adquiridas e armazenadas? Como a memória é perpetuada? Quais são os circuitos neurais em atividade quando memorizamos algo? Como esses circuitos se modificam normalmente e nas doenças? Quais são os mecanismos celulares, moleculares, genéticos e bioquímicos envolvidos? Estas perguntas não só perambulam e fazem nós nas mentes dos neurocientistas, mas são parte do rol de questões que a vida impõe a todos, para nossa reflexão e perplexidade: como adquirimos conhecimento do mundo? A filosofia tem cogitado sobre essas questões há séculos. Empiricistas como Locke, Berkeley e Hume acreditavam que todo conhecimento é aprendido, enquanto Descartes, Leibniz e Kant pensavam que possuímos um "pré-conhecimento" que guia as percepções e as interpretações das informações provenientes do ambiente.

A neurociência prefere um acerto de contas kant-lockiniano. Existem circuitos neuronais pré-determinados geneticamente; entretanto, estes são regulados através da exposição ambiental. Os genes não apenas dão as ordens, mas também obedecem, sendo ativados ou não, dependendo dos estímulos ambientais. O que conta, ao final, é quais genes são expressos, ou seja, ativados. Kant e Locke poderiam hoje apertar as mãos sem que nenhum se sentisse completamente derrotado.

Como aprendemos novos fatos quando os circuitos neurais já estão precisamente conectados, programados geneticamente? A memória ocorre através do fortalecimento entre as conexões nervosas, as sinapses. A transmissão de sinais elétricos e químicos (a linguagem cerebral) é efetuada entre os neurônios através das sinapses. Na formação da memória de curto prazo, as sinapses já existentes se fortalecem. Já a memória de longo prazo demanda a ativação de genes, estimulados pelo ambiente, levando à síntese de proteínas que formarão novas sinapses, aumentando o número de conexões entre os neurônios. Para que ocorra aprendizagem, o cérebro, portanto, modifica-se estruturalmente. Eis a plasticidade cerebral. Se você ainda se lembrar deste texto daqui há meses, é porque o seu cérebro mudou.

A memória tem sido investigada cientificamente de múltiplas formas nas últimas décadas. O fisiologista russo Ivan Pavlov, na virada do século dezenove para o vinte, estudou a relação entre comportamento e ambiente, que ocorre através da memória, na sua forma mais elementar: a associação de estímulos. O movimento *behaviorista* nasceu, então, propondo o estudo do comportamento sob os rígidos moldes científicos, mais preocupado com a relação entre o estímulo ambiental e a resposta comportamental do que com o processamento mental entre eles. No decorrer dos anos, diversos testes de memória foram elaborados para melhor abordar os pacientes. Investigações da memória no nível celular têm-se intensificado enormemente. A potenciação de longo termo (em inglês, LTP) é considerada um modelo celular de memória e aprendizagem. É uma forma artificial de plasticidade cerebral estudada em laboratórios, produzida em neurônios através de estímulos elétricos. A LTP permite o fortalecimento de longa duração da conexão entre duas células nervosas, a sinapse. As experiências de LTP proveram um profundo entendimento da fisiologia da memória. Adicionalmente, os estudos com animais transgênicos têm permitido identificar os genes a ela relacionados. E, finalmente, a descoberta dos trajetos moleculares subjacentes à formação e consolidação da memória é particularmente promissora para identificar moléculas que podem servir como alvos terapêuticos para os transtornos da memória.

Como a memória pode ser armazenada por períodos de tempo prolongados, ou mesmo para sempre? Um grupo de pesquisadores da Universidade de Columbia, liderados pelo neurocientista Eric Kandel (que ganhou o prêmio Nobel em 2000 por desvendar as sinalizações moleculares entre os neurônios relacionadas à memória), descobriu a existência de proteínas naturais no cérebro que passam a se comportar como príons (proteínas que se autorreproduzem, mais conhecidas quando são infecciosas, como nos casos da doença da vaca-louca). Essas proteínas podem explicar o caráter duradouro das memórias consolidadas, autorreplicando-se e fortalecendo as conexões com os neurônios vizinhos. Não importa que idade você tenha, você irá recordar eventos de quando era criança. Essas proteínas especiais podem, portanto, perpetuar as memórias armazenadas.

Compreender como memorizar se torna possível, é uma tarefa fascinante. Como você pode fechar os olhos e lembrar-se de um momento belo da sua vida ou de uma pessoa querida? Como a memória permite que você aprenda novas coisas, formando essa mescla mágica entre o mundo exterior e o seu mundo interior através das suas próprias memórias? Ainda mais, entender os mecanismos de formação da memória abre caminhos para a descoberta de tratamentos para os diversos distúrbios da memória.

Um dos distúrbios da memória mais comuns e devastadores é a doença de Alzheimer. Com o incrível envelhecimento da população, um número assustador de pessoas é e será ainda mais afetado por essa doença. A doença de Alzheimer se inicia em uma área do cérebro que converge todas as informações para o hipocampo. É fácil, portanto, prever que os primeiros sintomas da doença são perda leve da memória, como deterioração da capacidade de lembrar onde as coisas foram guardadas, o nome de novos conhecidos... Nesse estágio inicial da doença, é difícil diferenciar do decréscimo de memória que ocorre normalmente em todos nós quando envelhecemos. Enquanto a doença progride, e também o acúmulo de placas tóxicas de proteínas características da doença que causam a morte de neurônios, não só no hipocampo, mas em quase todo o manto cortical, muitas funções cerebrais são gravemente comprometidas. Nas fases finais não apenas a memória está enormemente afetada, mas realizar tarefas simples como se vestir e tomar banho tornam-se desafios frustrados. Vários dos elementos da cascata de reações que levam ao acúmulo anormal dessas placas protéicas no cérebro já foram desvendados e diversas tentativas de bloquear essa cadeia de eventos têm sido exaustivamente investigadas, dando-nos esperança de um futuro menos desolador para os sofredores da doença de Alzheimer nas décadas a vir. A compreensão dos mecanismos na formação normal e anormal da memória pode também ajudar no desenvolvimento de terapias para o envelhecimento cognitivo ou até potencializar a capacidade de memória em indivíduos saudáveis. Paralelamente, diversas questões éticas também avançam.

Nem eu e, provavelmente, nem você conheceu H. M. Entretanto, H. M. está impresso na minha e agora na sua mente. A memória nos proporciona a capacidade extraordinária de adquirir novas ideias, e estas podem ser transmitidas através das gerações. Essa habilidade é a real (r)evolução humana. Ela é tão rápida e potente que deixa a lenta evolução biológica, que requer anos e anos de mutações genéticas aleatórias acumuladas e selecionadas naturalmente, léguas atrás nas competições da humanidade. A memória e a aprendizagem também erguem os pilares para a formação da individualidade, o produto único dessa interação inseparável entre genes e exposição ambiental no decorrer da vida de cada pessoa, moldando a arquitetura cerebral de maneira singular. Ainda mais, memória encrava imortalidade. A matéria se esvai, mas memórias em mentes não. Como escreveu o poeta W. H. Auden: "As palavras de um homem morto / são modificadas nas entranhas dos vivos"[1]. Ou melhor, nas memórias dos vivos.

---

1 W. H. Auden, In Memory of W. B. Yeats, *Colected Poems*, New York: Vintage Books, 1991, p. 247.

2.

# O Problema Corpo-Mente

Os homens têm que saber que é do cérebro, e apenas do cérebro, que surgem nossos prazeres, alegrias, risos e gracejos, assim como nossas tristezas, dores, pesares e lágrimas. Através dele, em particular, nós pensamos, vemos, ouvimos, distinguimos o feio do belo, o mau do bom, o prazeroso do desprazeroso [...] É o mesmo que nos faz loucos ou delirantes, inspira-nos temor e medo, que de dia ou noite traz sono, erros inoportunos, ansiedades vãs e atos contrários ao hábito. Estas coisas de que sofremos, todas provêm do cérebro[1].

---

1 *Hippocrates. Works*, tradução inglesa de W. H. S. Jones et al, Loeb Classical Library,. Cambridge, Mass.: Harvard University Press, 1948, v. 2, p. 175.

Hipócrates, no século V a.C., já reconhecia o cérebro como o centro da cognição humana. Com o desenvolvimento recente das imagens funcionais cerebrais, tornou-se um absurdo negá-lo.

De fato, o mesmo cérebro que ama, nutre afetos, cria, imagina, fantasia, toca, sente, percebe, constrói, escreve, lê, pensa, racionaliza, intenciona, deduz e induz, também odeia, destrói, amendronta-se, cultiva remorsos e culpas, mata, corrompe, rasga, dilacera, corrói, agoniza, sofre. Nele moram o melhor e o pior do extraordinário ser que é o humano.

A questão é: como podemos transformar tecido cerebral, sinapses, neurotransmissores em entidades tão complexas? Poderemos algum dia explicar tão alto salto?

O problema corpo-mente tem sido extensamente refletido durante centenas de anos. Temos ideias que variam desde a dicotomia de Descartes, que separou corpo e mente como substâncias diferentes. Ou Spinoza, que unificou corpo e mente, considerando o corpo como objeto da mente. "A mente não conhece a si própria, exceto até ela perceber as ideias das modificações do corpo"[2]. Até filósofos como Thomas Nagel, que cogitou que a condição física e a subjetividade talvez sejam dois aspectos da mesma coisa: "A consciência não é um efeito do processo físico mais do que a superfície de um objeto é o efeito dele"; "na verdade, tal-

---

2 Benedict de Spinoza, *On the Improvement of the Understanding / The Ethics / Correspondence*, tradução de R. H. M. Elwes, New York: Dover Publications, 1955, p.103.

vez seja impossível um evento mental não ter propriedades físicas também"³.

A fim de melhor compreendermos a questão corpo-mente, ilustraremos, com exemplos, alguns aspectos da relação entre o cérebro e o comportamento.

Os pacientes com epilepsia do lobo temporal podem experienciar importantes alterações emocionais durante o período de hiperexcitabilidade dos circuitos neurais em seus cérebros durante as crises epilépticas. Eles podem ter também alucinações olfativas, gustativas e auditivas, além de ilusões visuais, distorcendo o tamanho e as formas dos objetos. Momentos de *déjà vu* (a sensação de ter estado em um lugar antes ou de ter tido uma experiência particular antes), despersonalização (sensação de desprendimento de si próprio) e a sensação de dissociação (como se vissem seu próprio corpo de fora) não são raros. Podem também ter medo ou ansiedade e sensações sexuais. O escritor russo Dostoiévski descreve um desses eventos no livro *O Idiota*:

> No próximo momento algo apareceu a romper em aberto diante dele: uma deslumbrante luz interna iluminou sua alma. Isto durou talvez meio segundo, entretanto, ele distintamente lembrava ouvir o início de um uivo, o estranho, amedrontador uivo que urrou de seus lábios em seu próprio acordo, e que nenhum esforço de vontade da sua parte poderia suprimir. No

---

3   Thomas Nagel, *The View from Nowhere*, New York/ Oxford: Oxford University Press, 1986, p. 47.

próximo momento, ele estava absolutamente inconsciente; uma escuridão negra apagou tudo. Ele havia caído em uma crise epiléptica[4].

A hiperatividade das vias neurais nos lobos temporais pode, portanto, levar a diversas sensações.

As pessoas com tumor cerebral no lobo frontal normalmente apresentam alterações de personalidade como a primeira manifestação da doença. O caso bem estudado do sr. Phineas Gage, que foi vítima de um acidente em 1848, quando uma estaca metálica foi propelida através de sua cabeça, lesando os lobos frontais, é uma boa ilustração da função do lobo frontal. O seu médico, o dr. Harlow, descreveu as modificações em seu comportamento após o acidente da seguinte maneira: "os seus empregadores, que o miravam como o mais eficiente e capaz dos trabalhadores previamente à lesão, consideraram a mudança em sua mente tão marcante que não puderam dar-lhe o emprego de volta"[5]. Ele havia se tornado impaciente quando se conflitava com seus desejos, vacilante, grosseiramente profano, caprichoso, elaborava inúmeros e mirabolantes planos que rapidamente eram abandonados por novos. Ele havia mudado radicalmente e, para seus colegas e conhecidos, Gage não era mais Gage.

Nas décadas de 1960 e 1970, experimentos demonstraram que lesões à amígdala (localizada profundamente nos lobos

4   Fyodor Dostoyevsky, *The Idiot*, Plain Label Books, 1914, p. 547.
5   J. M. Harlow, *Recovery from a Passage of an Iron Bar through the Head*, Publications of the Massachusetts Medical Society 2, 1868, p. 327.

temporais) de primatas não humanos resultavam em animais socialmente incompetentes. Com o aperfeiçoamento das técnicas, puderam-se realizar lesões mais precisas, e pôde-se demonstrar que a amígdala exerce um papel essencial no processamento do medo. A interrupção dos circuitos neurais da amígdala causava um notável déficit da resposta ao medo nesses animais.

Os estudos genéticos do comportamento estão possibilitando o acúmulo de informações surpreendentes. Muitos experimentos interessantes estão sendo conduzidos na mosca *Drosophila*. É verdade que existe uma longa distância das moscas aos seres humanos, especialmente em termos de comportamento. No entanto, através do estudo de animais simples podemos mais facilmente começar a desvendar o que subjaz ao comportamento. Temos a possibilidade de encontrar unidades, conceitos essenciais que podem ser generalizados na escala evolutiva. Em uma abordagem reducionista, podemos ter uma visão diferente e uma melhor compreensão do complexo do todo.

A *Drosophila* é uma admirável fonte para o estudo da sexualidade. Ela apresenta padrões complexos de comportamento sexual que são muito bem definidos entre os sexos. Além disso, é muito mais fácil tecnicamente analisar individualmente os neurônios envolvidos em determinado comportamento e suas conexões em animais mais simples.

Dentre essas moscas, apenas os machos realizam o cortejo sexual. Trata-se de um ritual elaborado em que o macho segue a fêmea, toca-a levemente com sua perna dianteira, canta uma canção ao estender e vibrar uma de suas asas, lambe a sua genitália e, finalmente, encarola seu abdômen para a copulação. Absolutamente estonteante é o fato de que um subproduto específico da expressão de um único gene, chamado *fru*, é necessário e suficiente para o comportamento do cortejo do macho. Se a sua expressão em neurônios for interrompida, os machos apresentam um dano robusto em cortejar fêmeas e em sua orientação sexual. É ainda mais surpreendente constatarmos que se, através de técnicas genéticas e moleculares, esse subproduto do gene *fru* for expresso em fêmeas, não apenas elas perdem comportamentos reprodutivos femininos, mas também ganham comportamentos masculinos. Elas passam a cortejar sexualmente outras fêmeas!

Esses casos são ilustrações do princípio amplamente comprovado de que todo e qualquer comportamento é proveniente de funções cerebrais. A separação entre corpo, diga-se cérebro, e mente é inconcebível. Entretanto, retornando a uma das questões iniciais: poderemos entender completa e biologicamente, por exemplo, o profundo afeto que os pais nutrem por seus filhos? Um amor efervescente que, na metáfora shakespeareana, fez Romeu colocar fim a sua vida ao pensar que havia perdido a sua amada Julieta, e a mesma reação tomada por Julieta em seguida? E o momento deparado pelo poeta Fernando Pessoa ao contemplar da janela de seu quarto uma menina na rua e ao descrevê-lo no poema "Tabacaria": "Come chocolates, pequena; come chocolates! Olha que não há mais metafísica no mundo senão chocolates"? Poderemos algum dia compreender profundamente as sensações da menina e o *insight* do poeta? Ninguém sabe. Eis o grande desafio que a neurociência cognitiva enfrenta: compreender e explicar biologicamente os mecanismos subjacentes ao comportamento, simples e complexo. Começamos a avançar passos muitos importantes a fim de preencher a enorme fenda que ainda separa a psicologia da biologia.

# 3.
# Viver, Morrer e Significar

Quão importante somos? Se olharmos de uma perspectiva exterior, nós não somos *nada*. O Universo existe há bilhões de anos. Provavelmente nós não viveremos por mais de um século. O mundo continuará existindo com ou sem nós. Estamos aqui por uma mera ocasião de sorte e, querendo ou não, vamos ineroxavelmente seguir as regras da reciclagem da matéria. Seremos todos pó. No entanto, somos *tudo* para nós. Trata-se das nossas próprias vidas: nossos sentimentos, nossas realizações, nossos pensamentos, nossas ligações afetivas aos que amamos, nossas interpretações do mundo. Somos absolutamente *tudo* para nós.

Estamos longe de compreender completamente como o Universo e a vida puderam ocorrer; a vida corre muito como um processo estocástico; a nossa existência é um evento casual, mas podemos dar um significado a ela. As mutações genéticas aleatórias e cumulativas ao longo dos anos deram-nos a capacidade cognitiva de fazer nossas próprias histórias.

Vivemos para nós mesmos (desfrutando também dos outros). Afinal, trata-se das nossas próprias vidas. Simultaneamente transformamos, espera-se que de maneira positiva, o mundo e os que estão ao nosso redor. Todos nós deixamos marcas únicas e certamente podemos fazer muito como indivíduos (confesso que eu acredito muito mais no indivíduo do que no social).

Enquanto experienciamos a vida, envelhecemos. Os cabelos crescem mais e mais brancos, a pele começa a perder a elasticidade e as rugas aparecem, a corrida perde cada vez mais o fôlego até que uma simples caminhada se torna um desafio, a ex-prodigiosa memória juvenil irá mais facilmente se esquecer de nomes e eventos. No entanto, ganhamos uma perspectiva de tempo única e as glórias da maturidade. Não podemos simplesmente nos regozijar das magnificências de cada ciclo de nossas vidas?

Envelhecer é viver e morrer. Por que e como envelhecemos? Primeiramente, por que temos de envelhecer e morrer? Não poderíamos todos nos assentar como na *Odisseia* de Homero, na imodificavelmente linda ilha a que Odisseu chegou e onde encontrou a eternamente jovem e esplendidamente bela Calipso (é verdade que com o tempo ele se entediou da perfeição eterna e preferiu voltar para a imperfeita, cruelmente finita, mas alegre vida nos braços da sua amada e envelhecida Penélope). Na verdade, existem animais que não envelhecem e morrem apenas se pegos por uma causa externa como um predador, fome, epidemias, mudanças climáticas bruscas etc. Esses animais unicelulares, como bactérias, alguns fungos, as amebas, reproduzem-se por fissão binária assexual. Será que a vida sexual nos proveu a vantagem da diversidade das espécies mas nos privou da eternidade da simples e para sempre ameba?

Como a evolução tornou o processo do envelhecimento possível? Não seria melhor ficar empurrando nossos genes para frente para sempre? O estado envelhecido e menos fértil ou infértil não é uma condição desfavorável? Algumas possibilidades podem ser consideradas. Uma delas é que os "genes do envelhecimento" não caíram nas redes da seleção natural por bilhões de anos já que os homens (e diversos outros animais) morriam muito jovens por doenças, devorados por animais ou alguma outra armadilha da vida. Isso permitiu que estes genes se acumulassem ao longo do tempo. Outra possibilidade é que seria, sim, uma vantagem evolutiva concentrar uma capacidade reprodutiva vigorosa por um período determinado de tempo e, por contrapartida, viver menos (genes pleiotrópicos podem ter sido selecionados: genes que possuem papéis benéficos no começo da vida e, todavia, apresentam efeitos deletérios com o envelhecer, contribuindo para a senescência). Assim, seria possível espalhar mais os nossos genes e cuidar bem deles (afinal, crianças requerem enormes investimentos físicos, sentimentais, temporais e financeiros) quando somos vitalmente jovens. "Viva agora, pague depois". Palavras do biólogo inglês Hamilton, que conduziu experiências demonstrando que uma população com uma capacidade reprodutiva efervescente em idade jovem, embora com a equivalente perda mais tarde, leva a um maior resultado genético total (já que gera uma numerosa prole jovem e profícua) do que uma população com uma capacidade reprodutiva constantemente mais baixa durante toda a vida.

Ao responder o *porquê* já esclarecemos um pouco o *como*. Os genes exercem certamente um papel essencial no processo do envelhecimento. Uma forte evidência para tanto é uma síndrome chamada Werner (Progeria). As pessoas que sofrem da síndrome de Werner possuem uma mutação específica em um gene que as faz envelhecer de maneira assustadoramente rápida. Tão cedo como com quinze anos de idade, elas possuem uma aparência envelhecida com pele fina, transparente e enrruguecida, cabelos grisalhos tendendo a calvície, músculos atróficos, catarata, osteoporose e desenvolvem precocemente degenerações dos vasos sanguíneos, acumulando placas lipídicas inflamatórias, aterosclerose, que culminam com complicações cardiovasculares que podem ser fatais, como acidentes vasculares cerebrais e infartos cardíacos. Existem, portanto, genes que programam o nosso envelhecimento, a degeneração das nossas células. Temos relógios biológicos que contam os minutos vividos por nós. É claro, existem diversas outras questões ambientais e outros fatores envolvidos também: os raios solares que aceleram a formação de rugas e modificam nosso material genético de modo que podem causar um câncer de pele, os radicais livres formados pela metabolização da comida consumida por nós e que podem gerar reações tóxicas ao nosso organismo, as mutações aleatórias que ocorrem em nossas células e se acumulam, as alterações hormonais, o nível da eficiência imunológica etc. A vida é sempre complexa!

Como vamos morrer? O que será depois da morte? Existem muitos mistérios insolúveis. "Há mais coisas entre o Céu e a Terra do que nossos cinco sentidos são capazes de detectar", como escreveu Eduardo Giannetti. Talvez devamos focalizar no que temos de mais palpável, concreto: como vivemos e como podemos viver. Como recitou o poeta T. S. Eliot:

> Homens velhos devem ser exploradores
> Aqui e lá não importa
> Devemos estar parados e ainda movendo
> Em outra intensidade
> em uma maior união, uma mais profunda comunhão
> Através da frieza escura e da desolação vazia,
> O choro tremido, o choro uivante, a vasta água
> do petrel e do boto. No meu fim está o meu começo[1].

Os existencialistas acreditam que o ser é revelado; o homem intencionalmente se autoesculpe em uma existência significativa. Para Jean-Paul Sartre, o homem é "um ser que

---

1 "Old men ought to be explorers / Here and there does not matter / We must be still and still moving / Into another intensity / For a further union, a deeper communion / Through the dark cold and the empty desolation, / The wave cry, the wind cry, the vast water / Of the petrel and the porpoise. In my end is my beginning". Thomas Eliot, *Collected Poems*, 1909-1962, Harcourt Trade, 1963, p. 189.

se faz ausência de ser para que possa haver ser"[2]. Simone de Beauvoir queria viver ativa e eticamente em um mundo real, repleto de suas belezas mágicas e crueldades.

> Se alguém considerar um sistema abstrata e teoricamente, este alguém se coloca, em efeito, no plano do universal, e então, do infinito. Eis o porquê de ler o sistema hegeliano ser tão confortante. Eu lembro ter uma grande sensação de calma ao ler Hegel no ambiente impessoal da Biblioteca Nacional em agosto de 1940. Mas assim que eu pisava na rua de novo, na minha vida, fora do sistema, abaixo de um céu real, o sistema não mais tinha uso para mim: o que ele havia me oferecido, sob uma apresentação do infinito, era a consolação da morte; e eu ainda queria viver entre homens vivos[3].

Nenhuma fuga paga o preço. Devemos assumir a nossa inerente ambiguidade no nosso mundo e livremente nos transformar em seres positivos e construtivos, é claro, dentro dos limites do nosso arcabouço fisiológico, que é, por si só, atonitamente flexível. Como Beauvoir continuou:

> apesar de tantas mentiras obstinadas, a cada momento, a cada oportunidade, a verdade vem à tona, a ver-

---

2  Jean-Paul Sartre, *L'Être et le néant: essai d'ontologie phénoménologique*, Paris: Gallimard, 1943, p. 225.
3  Simone de Beauvoir, *Pour une morale de l'ambiguïté*, Paris: Gallimard, 1947, p. 221.

> dade da vida e da morte, da minha solidão e da minha ligação ao mundo, da minha liberdade e da minha servidão, da insignificância e da importância soberana de cada homem e todos os homens [...] Apesar das chocantes dimensões do mundo sobre nós, da densidade da nossa ignorância, dos riscos das catástrofes a vir, da nossa fraqueza individual dentro da imensa coletividade, o fato remanesce que nós somos absolutamente livres hoje se escolhemos realizar nossa existência na sua finitude que é aberta ao infinito[4].

Estamos vivendo e morrendo a cada instante de nossas vidas. Desde o início da nossa existência até o seu fim último temos células que estão nascendo, várias sendo reparadas e outras morrendo. Os conflitos de vida e morte não habitam apenas na ideia de Freud de que possuímos em nossas mentes um ser construtivo que quer viver (Eros) e outro destrutivo (Thanatos) que deseja a morte. Encaramos a vida e a morte a todo tempo. Nós questionamos os valores das coisas. Existem pessoas que cometem suicídio.

Para algumas pessoas a vida pode se tornar um tormento tão grande que elas consideram que não compensa se dar a angústia e o peso de viver. Para outras, inúmeras razões podem se aflorar da vida: amar e ser amado, quebrar as barreiras internas e externas, transformar, curtir as belezas e os sentimentos da vida, *ser*. É também inescapável, como assinalou Montaigne, que "nossa própria condição peculiar

---

4  Idem, p. 12.

é tão capaz de gargalhadas empolgantes como de não nos dar nenhuma causa para rir"[5]. Entretanto, podemos tentar torná-la mais risível do que não.

Vale a pena viver? Eu acredito que sim. Embora sem nenhum *design* premeditado para o mundo ou para a nossa existência, podemos dar às nossas vidas muitos significados e verdadeiramente desfrutar da nossa existência casual. Também deixamos marcas no mundo e nas pessoas que vivem em torno de nós. A matéria se desfaz, mas as ideias de nós em outras mentes não. Corpos se esvaem, mas memórias não. Somos definitivamente *tudo* para nós, e podemos ser mais que *nada* para o mundo.

---

5 Michel de Montaigne, *Essays*, New York: Penguin books, 1993, p. 133.

# 4.
# A Percepção e Criação do Belo

O que é o belo? A beleza talvez deva ser vista como um todo. Em uma pessoa, por exemplo, não apenas a aparência física, mas o charme, a sutileza, a espontaneidade, o preparo, a alegria, a doçura, a delicadeza, o humor, a inteligência, a postura ética, o carisma, a gentileza. Quantas vezes olhamos para alguém e o achamos, à primeira vista, bonito, mas, ao conhecermos as reais facetas de sua personalidade, a beleza rápida ou lentamente se esvaece. As moças de boa aparência das revistas pornográficas podem facilmente perder a beleza em sua vulgaridade. Em outros casos, o que era inicialmente belo se sustenta ou aumenta com o conhecimento mais profundo. No caso de uma pintura, você pode ser cativado por uma combinação de elementos, talvez indecifrável, que acorda em você uma sensação profusa: cores, contornos, disposições, expressões, conteúdo, memórias, significados revelados ou obscuros, enfim, sensações transmitidas e percebidas. Na realidade, a beleza se irrradia por diversos prismas. Você pode, por exemplo, aparentar-se belo, agir belamente, racionalizar belamente, amar belamente, criar belamente, fazer um trabalho belo, rir belamente, expressar-se belamente, olhar para alguém belamente. E, talvez, como Horácio exclamou, "nada é belo de todos os pontos de vista".

Experienciar o belo possibilita momentos sublimes e alegres, como uma intoxicação inebriante que impulsiona, transforma, energiza. As explicações explícitas e implícitas chegam. Revela-se a posição em que você se encontra: o seu ser imerso em um ambiente. É o momento em que a sua autocentralização se descentraliza e percebe o belo fora de você. Além disso, permite-o transcender. Faz com que você responda positivamente à questão que Milosz põe em seus versos: "Diga-me se você realmente acha que o mundo é a sua casa? Que o seu planeta interno está realmente em harmonia com o que o circunda?"[1]. É o eu que unicamente percebe a beleza do não-eu, tornando o eu mais belo.

É absolutamente extraordinário pensar que embora a arte não seja uma necessidade básica de sobrevivência como comida ou água, ela sempre esteve presente em todas as culturas e gerações. A arte é, na verdade, uma necessidade humana.

---

1   Czeslaw Milosz, An Appeal, em *New and Collected Poems: 1931-2000*, New York: HarperCollins Publishers, 1998, p. 268.

Ela nutre a imaginação. Hegel apontou que "a necessidade universal da arte é a necessidade racional humana de elevar seus mundos interno e externo em sua consciência espiritual como um objeto em que ele se reconhece novamente[2]". Para Kant, a experiência estética não é simplesmente subjetiva. Não estaria mais próxima do insensato, misterioso, implícito como muitos de nós acreditamos: "A arte estética, como arte do belo, tem como padrão o julgamento reflexivo e não sensação orgânica". Para ele, "as belas-artes só são possíveis como produto de um gênio"[3]. Hume procura um julgamento mais padronizado do gosto e, para apurá-lo, precisa-se de "senso forte, unido a delicado sentimento, acurado com prática, e aperfeiçoado com comparações livres de preconceitos"[4]. Ele enfatizou a inerência de comparações em julgamentos. O belo sempre vem em oposição ao deformado, o prazer contrapõe a dor. Tanto Kant como Hume exploraram os prazeres da imaginação. Questionaram o quanto a beleza mora nos valores e propriedades intrínsecos do objeto ou no sentimento de prazer que emerge em nossas mentes.

A percepção do belo é possível através dos nossos órgãos dos sentidos: visão, audição, olfato e tato, nossos triunfos analíticos. Como percebemos? As informações sensoriais

---

[2] Ian Fraser, *Hegel and Marx: The Concept of Need*, Edinburgh University Press, 1998, p. 102.
[3] Immanuel Kant, *Critique of Judgement*, traduzido por J. H. Bernard, publicado por Bernard, Simon and Schuster, 1970, p. 150.
[4] David Hume, *Essays and Treatises on Several Subjects*, London: Cadell; Edinburgh: Bell and Bradfute,1825, v.1 (original de Harvard University, p. 238).

são desconstruídas, analisadas e reconstruídas em nossos cérebros, em um processo criativo, de acordo com as propriedades intrínsecas dos circuitos neuronais ativados. Nossas percepções não são meras replicações do mundo exterior. Mesmo informações, por exemplo, visuais, que chegam de modo ambíguo ou parco, como demonstrado nos estudos de ilusão, são formulados em nosso cérebro de tal modo que as percebamos como imagens significativas.

Como nos remete o verso shakespereano, "a beleza é comprada pelo julgamento dos olhos"[5]. Os diversos moldes de informação visual, por exemplo, cor, profundidade, movimento, são relegados a vias de processamentos neuronais distintos e específicos. A sutileza é tamanha que se, por exemplo, girarmos um bloco na forma de um triângulo em nosso campo visual, diferentes neurônios serão excitados. Uns para linhas horizontais, outros para verticais, outros ainda para ângulos. Os neurônios com propriedades semelhantes estão agrupados conjuntamente em colunas no córtex cerebral, como demonstraram os importantes experimentos de Hubel e Wiesel. Assim, o cérebro forma mapas corticais funcionais que representam o mundo exterior. Esses mapas estão relacionados ainda às nossas experiências prévias e também ao nosso nível de atenção.

Como essa multiplicidade de informações sensoriais, processadas em locais distintos, é unificada para formar uma percepção complexa e coesa é ainda objeto de intenso estudo.

---

[5] William Shakespeare, *Love's Labor's Lost*, Classic Books Company, 2001, p. 340.

É o chamado *binding-problem*, o "problema da ligação". Como eu percebo, por exemplo, a imagem de um menino vindo de bicicleta em minha direção como única, sendo que o meu cérebro processa movimento, profundidade e percepção de faces em regiões distintas? Os padrões de luminosidade bidimensionais em minha retina são transformados em um mundo sensorial tridimensional coerente e de múltipla complexidade. Parece que, para tanto, existe uma dependência de associações temporais das diversas vias neuronais de processamento sensorial.

Existem padrões para a percepção do belo? Conceitos do belo variaram enormemente no tempo e em diversas culturas. Entretanto, alguns sugerem que existe uma preferência universal pela simetria. Seriam os quadros perfeitamente simétricos de Caravaggio mais belos que as telas irreverentemente fragmentadas de Pollock? O que é percebido como belo pela natureza pré-determinada do cérebro humano e o que é aprendido a ser percebido como belo? O processo de percepção ocorre pela ativação de diversos circuitos neurais pré-estabelecidos, e alguns outros são formados por experiências prévias. No entanto, um universo particular sempre é trazido à tona de cada experiência sensorial. Memórias, interpretações próprias, o nível de atenção momentânea; reflexos da singularidade de cada cérebro, de cada história de vida, da combinação genética de cada indivíduo. O lilás para mim, o preto para você. *Esperança* de Klimt para mim, *Vênus* de Cranach para você. É inesquecível que isso possa ir muito longe, como aconteceu durante os movimentos fascistas, que atrozmente louvaram como belos a violência, o horror. Torna-se inescapável levantar uma questão crucial: a beleza e a moralidade têm de caminhar juntas? Trata-se de um ponto de sensibilidade pungente. Para ilustrar algumas vicissitudes da questão, imaginemos: toque *Tristan und Isolde* a alguém que nunca ouviu Wagner nem tem conhecimento de sua vida. Em seguida, diga a essa pessoa ética que Wagner simpatizou-se com a propaganda nazista antissemita. Toque a música novamente. Será que a ópera vai mudar para essa pessoa? Deve ela mudar? Deve a arte existir em si e para si? Ou a arte não pode se dissociar dos diversos lençóis que a envolvem?

Oscar Wilde afirmou que a arte é o modo de individualismo[6] mais intenso que o mundo já conheceu. A magnificência do poder humano individual é magicamente desvelada ao infinito. Mais do que a apreciação única e individual do belo, um raio vocífero pode inexplicavelmente germinar no indivíduo e rasgar as superfícies para ser ouvido e iluminar: o processo criativo nasce. Brodsky escreveu que "o que a arte e a sexualidade têm em comum é que ambos são sublimações da energia criativa do indivíduo"[7]. Além disso, a arte é puro existencialismo. Criar é "ser". "A prosódia absorve a morte"[8]. Ainda mais, Brodsky considerou que a arte está além da vida alcançável. Refutou o

---

6 *De Profundis and Other Writings: in carcere et vinculis*, Penguin Classics, 1973, p. 34.
7 Joseph Brodsky, *Less than One: Selected Essays*, New York: Farrar, Straus and Giroux, 1987, p. 45.
8 Idem, p. 49.

aforismo de que a arte imita a vida. Para ele, "a arte imita a morte mais que a vida; imita a esfera de que a vida não fornece nenhuma noção"[9]. Na realidade, a arte está muito acima e abaixo do tangível. É, indubitavelmente, a mais humana das expressões humanas.

---

9   Idem, p. 104.

# 5.
# Complexidades e Causalidades

O Universo é um lugar complexo. Pense como a Terra roda em torno do Sol, os objetos caem por terra, as partículas possuem propriedades eletromagnéticas. Pense na complexidade dos seus próprios pensamentos, seus sentimentos, seus desejos, suas decisões e todos os processos fisiológicos que o permitem ver, respirar, andar, conversar, viver. Imagine o número e as interações dos átomos e moléculas envolvidos, as reações simultâneas, as cascatas, as conexões, as interdependências que têm de ocorrer constantemente. O cérebro humano, por exemplo, possui cem bilhões de neurônios e atordoantes centenas de trilhões de interconexões!

Em um mundo estonteantemente complexo, estabelecer relações de causas e consequências é extremamente difícil.

Consideremos, por exemplo, as causas das doenças. Como funcionamos predominantemente como *networks*, se um pedaço do sistema for interrompido, sua totalidade pode ser afetada. Se, então, olharmos para o aparato disfuncional, torna-se muito difícil encontrar o culpado real.

O filósofo Bertrand Russell asseriu que ainda é possível alcançar causalidade nessa infinita complexidade. Ele aclamou que por causa de algumas constâncias (que ele denominou quase-permanência), podemos estabelecer linhas causais e fazer algumas inferências. "Uma linha causal, como eu gostaria de definir o termo, é uma série temporal de eventos relacionados de tal forma que, dados alguns deles, algo pode ser inferido sobre os outros"[1]. Ele também enfatizou a importância da contiguidade: "Quando dois eventos pertencem a uma linha causal, o mais precoce pode ser dito a 'causar' o derradeiro. Nessa lei, 'A causa B' pode preservar uma certa validade"[2]. Podemos, então, mencionar a ideia de causas necessárias e suficientes. Se A for uma causa necessária de B, B vai apenas ocorrer, se precedido de A. A presença de A não garante que B vá ocorrer, mas a presença de B assegura que A certamente ocorreu. Por outro lado, se A for uma causa suficiente de B, a presença de A também garante a presença de B.

David Hume, no século dezoito, teve grandes *insights* sobre o problema da causalidade. Uma de suas proclamações foi que nós não podemos saber se as leis de causalidade se

---

1 *Bertrand Russell Memorial Volume*, por George W. Roberts, Routledge, 2004, p. 316.
2 Bertrand Russell, Stephen Mumford, *Russell on Metaphysics: Selections from the Writings of Bertrand Russell*, Routledge, 2003, p. 206.

assegurarão sempre verdadeiras. Assim, se acreditarmos que A causou B, não podemos esperar que isto sempre se aplicará. Podemos ter simplesmente uma "impressão de reflexão" observando uma sucessão de eventos. Por outro lado, Wesley Salmon considerou que um processo causal tem de transmitir uma marca, uma modificação estrutural no tempo e espaço. Para ele, tal concepção distinguiria melhor pseudoprocessos de processos verdadeiramente causais.

A questão da causalidade levou muitos filósofos a conceitos deterministas. Nessas visões, o universo seria governado por uma cadeia inevitável de causas e consequências. Os niilistas carregarão o peso de uma vida sem sentido determinada por uma sequência de eventos causa-efeito. Os existencialistas reconhecerão que não existe nenhum *design*, mas vão considerar que devemos dar um significado a nossa própria existência. Outras ideias surgiram com o tempo, relativizando a causalidade, dando-lhe relações funcionais e uma perspectiva probabilística ao invés de categórica.

Em uma posição oposta a de Bertrand Russell, outros acreditam que o emaranhado é tão entrelaçado que a verdadeira relação das coisas é impenetrável. Ainda mais, a busca científica em estabelecer relações poderia ser um grande jogo manipulativo. Como as coisas são tão mescladas, poderíamos inferir qualquer associação que quiséssemos. Pesquisas científicas não teriam nenhuma validade, já que atrás de uma hipótese existem muitas outras e, para conduzir qualquer experimento, tantas suposições têm de ser feitas e um número tão grande de variáveis está envolvido que chegar a uma conclusão acurada de uma única pergunta jamais seria viável.

É claro, essa é uma visão bastante radical. Atingir modelos perfeitos é, realmente, impossível, mas pesquisas confiáveis podem ser realizadas. É verdade que muitas suposições têm de ser feitas, no entanto elas também podem ser testadas. Muitas variáveis estão sempre presentes, porém podemos tentar isolá-las o tanto quanto possível e avaliá-las de diversas formas.

Em ciência biológica, diversos tipos de estudos podem ser conduzidos. Os longitudinais, também chamados de estudos de coortes, estão mais próximos da natureza da causalidade. Nesses experimentos, grupos de pessoas são randomizados, expostos a um fator, seguidos ao longo do tempo e, então, o efeito do fator poderá ser estatisticamente analisado entre os grupos. Por exemplo, a efeito meramente ilustrativo, coloquemos em hipótese que a substância X causa um certo tipo de doença. Dois grupos de pessoas com características semelhantes serão separados de forma randômica (é muito importante que a seleção de grupo não seja enviesada). O grupo 1 será exposto a uma substância X e o grupo 2 receberá um placebo. É interessante que os participantes do estudo não saibam o que estão recebendo e o experimentador fornecendo as substâncias também permaneça sem ciência da sua composição, a fim de prevenir possíveis influências que tais conhecimentos possam exercer (trata-se, portanto, de um estudo duplamente cego). Os dois grupos serão seguidos por um período de tempo e, a um determinado ponto, coletaremos dados de quantas pessoas desenvolveram a doença.

A análise estatística definirá se a diferença entre os grupos é significativa ou não e chegaremos a conclusões sobre a relação causal entre o fator estudado e a doença.

Com a tendência crescente de estudar as doenças em seus perfis moleculares, tornou-se crucial estabelecer paradigmas causais nesse nível. Existem três importantes maneiras de fazê-lo. A primeira é conduzir experimentos em culturas de células. Isto é válido para as doenças que apresentam uma "leitura" fácil, uma marca que caracteriza a doença (por exemplo, placas de amiloide na doença de Alzheimer). Então, se manipularmos as moléculas na cultura, observaremos a mudança resultada no produto marcador da doença. Outro meio promissor e bastante interessante é o uso de animais transgênicos. Neles podemos realizar mutações genéticas bastante específicas (aumentando a expressão de um gene, diminuindo-o ou mesmo deletando-o). Assim, tomamos posse de modelos bastante claros. Podemos fazer uma única mudança no material genético de um animal vivo e avaliar as suas consequências. Uma terceira via importante para atestar causalidade no nível molecular é o estudo dos polimorfismos. Polimorfismos são variações naturais que ocorrem na sequência genética de uma população. Genes específicos podem ter mais de um código. Podemos então observar, para algumas doenças, diferentes graus de severidade de acordo com a variação do polimorfismo, levando-nos a corroborações causais entre um gene e uma doença.

Em 1884, o médico Robert Koch jorrou algumas luzes em alguns princípios de causalidade em microbiologia. Ele formulou alguns postulados que apoiaram a relação causa-efeito entre um microorganismo e uma doença. O primeiro postulado é que o microorganismo tem de ser encontrado em todos os animais que sofrem da doença. Segundo, o microorganismo tem que ser isolado de um animal doente e crescer em uma cultura pura. Terceiro, a doença específica tem que ser reproduzida quando uma cultura pura do microorganismo é inoculada em um animal saudável e, finalmente, o microorganismo tem de ser reencontrado no animal experimentalmente infectado.

Os médicos australianos Barry Marshall e Robin Warren, laureados com o prêmio Nobel de Medicina em 2005, seguiram as regras de Koch para afirmar que a bactéria *Helicobacter pylori* é o agente causal das úlceras gástricas, opondo-se ao conceito reinante de que o ambiente ácido do estômago exerce o papel principal na patogênese. Barry Marshall realizava endoscopia em seus pacientes com úlceras gástricas, coletava *Helicobacter pylori* deles, e crescia a bactéria em cultura no laboratório. Entretanto, a fim de comprovar a sua relação causal a úlceras, ele precisaria inocular a bactéria em um indivíduo saudável e este deveria desenvolver a doença. Foi exatamente o que ele fez consigo próprio! Antes de iniciar a experiência, Marshall foi submetido a uma endoscopia e observou-se que ele não possuía úlceras no estômago. Ele, então, engoliu as bactérias das culturas desenvolvidas em laboratório e, algumas semanas depois, começou a sentir-se nauseado e com desconforto no abdômen. Desta vez, a endoscopia revelou diversas úlceras no seu estômago e, das biópsias de suas recentes lesões gástricas, o patógeno isolado foi mesmo *Helicobacter pylori*. Os postulados de Koch foram, portanto, cumpridos para provar que a bactéria *Helicobacter pylori* causa úlceras gástricas, permitindo a introdução de antibióticos para tratar a doença e prevenir as, até então, extensivamente utilizadas cirurgias gástricas para remover as úlceras.

Hoje em dia é bem sabido que esses predicados de Koch possuem algumas limitações: nem todos os microorganismos podem crescer em culturas de laboratório, algumas doenças não possuem modelos animais de infecção e muitas pessoas são apenas carregadoras assintomáticas, violando o terceiro princípio. Embora abriguem o microorganismo e possam transmiti-lo a outra pessoa, elas não apresentam as manifestações clínicas da doença. No entanto, os postulados de Koch estabeleceram um modelo valioso na relação causal entre um microorganismo e uma doença.

De um modo geral, os cientistas devem ter muito claro em suas mentes que tipo de estudo estão conduzindo, os valores e as limitações de seus métodos e seus fins, de modo a não chegar a conclusões falsas. É de extrema importância manter em mente que correlação não implica causalidade.

A complexidade é inerente a nossas vidas. Fixar regras rápidas e simples inevitavelmente culmina em erros. Embora difícil, buscar o entendimento dos mecanismos e causalidades é certamente a melhor maneira de enfrentar e tratar as questões por suas mais profundas raízes.

# 6.
# Realidade e Ciência

O que é a realidade? Seria o que nós podemos perceber ou pensar? Percebemos o mundo através dos nossos órgãos dos sentidos. Não temos, de maneira alguma, acesso direto ao estado real das coisas.

Estudemos mais detalhadamente a visão, um dos nossos especiais órgãos sensoriais. Consideremos que uma bela rosa vermelha seja mostrada para mim e para você para que possamos nomeá-la e descrevê-la. Será que veremos exatamente a mesma coisa? A imagem iluminada da flor vai passar por nossas lentes, depois pela retina, onde fótons serão transformados em atividade elétrica que percorrerá os nervos ópticos e toda a via visual até chegar às áreas cerebrais especializadas em processar esse tipo de informação; o córtex visual primário, e as áreas associadas, como os córtices parietal e temporal (a via parietal identifica *onde* o objeto está, enquanto a temporal *o que* o objeto é). A informação será filtrada, decomposta, transformada e, então, reestruturada em nossos cérebros.

Eu sou míope. As imagens se formam antes da minha retina. Se eu estiver sem as minhas lentes divergentes, a flor que eu vejo certamente será muito mais embaçada que a sua. Se você estiver nos seus sessenta ou setenta anos, as suas lentes (ou cristalino) não são tão transparentes quanto as minhas, e a sua rosa será menos acurada que a minha. Se eu tiver um acidente vascular cerebral (AVC) em uma das áreas cerebrais relacionadas ao processamento visual, eu poderia ver as imagens de maneiras muito particulares. Eu poderia, por exemplo, perder parte do meu campo visual (contralateral à área do AVC, isto é, se o meu AVC fosse no lado direito do meu córtex visual primário, eu teria problemas em enxergar o lado esquerdo e vice-versa).

As lesões podem também ser bastante sofisticadas! Elas podem prejudicar a minha percepção apenas de formas, cores, profundidade ou movimento. Eu poderia até negligenciar metade do mundo! Este cenário ocorre em lesões do córtex parietal direito. Pacientes com lesões nessa área não percebem o lado esquerdo espacialmente e até mesmo o seu próprio lado esquerdo, embora o córtex visual primário esteja normal. Ao se barbearem, por exemplo, barbeiam apenas a hemiface direita; não lavam ou vestem o lado esquerdo do seu corpo, e se lhe dermos um objeto para desenhar, apenas a metade direita apareceria no desenho do paciente. No nosso exemplo, eu apenas poderia dizer que vejo a rosa se ela for colocada no lado direito do meu campo visual.

Esses são exemplos patológicos. Entretanto, deve haver alterações mais sutis e até mesmo variabilidades normais no meu e no seu sistema visual que faz da rosa que vejo diferente da rosa que você vê. Ou consideremos, por exemplo, que você esteja perdidamente apaixonado/a e não consiga tirar a pessoa amada de seus pensamentos ou, ao contrário, que você tenha um problema ruminando em sua mente, esperando para ser decifrado ou devorá-lo. Nosso nível de atenção não será o mesmo, e isto causará um imenso impacto em nossas percepções. Outro ponto interessante é que o estímulo visual atual vai ativar minhas memórias de experiências passadas relacionadas. Se a última vez que eu peguei uma rosa um espinho me furou, talvez neste novo encontro eu me sinta mais cautelosa.

A percepção da realidade é um complexo composto por muitos fatores, que incluem não apenas a criação em nossas mentes de um objeto físico percebido do ambiente, com as regras e propriedades do próprio cérebro (o cérebro não replica simplesmente o mundo exterior!), com a ativação de diversos e distintos circuitos neurais altamente especializados para o processamento de diferentes tipos de informações, mas também uma série de elementos subjetivos estão envolvidos, como memórias, o nível de atenção, emoções e significados individualmente atribuídos por cada pessoa. Tudo isso afetará a experiência perceptiva.

Neste ponto chegamos à conclusão de que a minha e a sua rosa são únicas. Entretanto, devemos ver muitas coisas em comum. Se nos fosse pedido para nomear o tipo de flor, nós dois certamente a chamaríamos de rosa, e daríamos descrições bastante similares. Poderíamos até precisamente medi-la! Será que devemos chamar de realidade, então, esta essência que todos nós percebemos? Ou estaríamos todos aprisionados em nossas mentes, sem a existência da realidade a não ser se criada em cada processo mental individual?

A realidade está provavelmente muito além das nossas percepções e do que as nossas mentes podem conceber. Nessa rosa, por exemplo, nós não vemos suas moléculas, átomos, quarks ou qualquer outra partícula subatômica que pode existir e na qual sequer podemos pensar. Talvez sejamos biologicamente limitados a ter um entendimento incompleto tanto do mundo externo como do interno. Quão distantes estamos de compreender inteiramente *por que* e *como* o Universo existe? O que sabemos de como os nossos mais profundos sentimentos, desejos, crenças, intenções, ações e reações ocorrem e relacionam-se? A realidade provavelmente mora muito acima e abaixo do que podemos possivelmente imaginar.

Podemos agora levantar uma questão crucial: qual é a relação entre ciência e realidade? Seria através da ciência que atingiríamos a realidade?

Freud nos lembrou deste importante ponto:

> Em ciências, o problema é o mesmo: atrás dos atributos (qualidades) do objeto sob o nosso escrutínio, que

é apresentado diretamente à nossa percepção, temos de descobrir algo mais que é mais independente da capacidade receptiva particular dos nossos órgãos dos sentidos e que se aproxima do que supomos ser o estado real das coisas. Não temos nenhuma esperança de atingir o último por si mesmo, já que é evidente que tudo de novo a que podemos inferir deve, entretanto, ser traduzido de volta na linguagem das nossas percepções, de que é simplesmente impossível nos livrarmos. Aqui jaz a natureza e as limitações das nossas ciências[1].

A ciência tem seus próprios limites. Tudo o que ela atinge é através de características humanas. Entretanto, a nossa permanente busca de ao menos expandir essas barreiras é absolutamente necessária, desafiante e excitante. Continuamos deleitosamente nos surpreendendo. Dentro de nossas limitações, temos também de reconhecer que os métodos científicos e as técnicas em constante aperfeiçoamento são as melhores abordagens objetivas que possuímos para chegar o mais próximo possível da intangível realidade.

---

1   Cf. Thomas Nagel, *Other Minds: Critical Essays*, 1969-1994, Oxford University Press US, 1999, p.15.

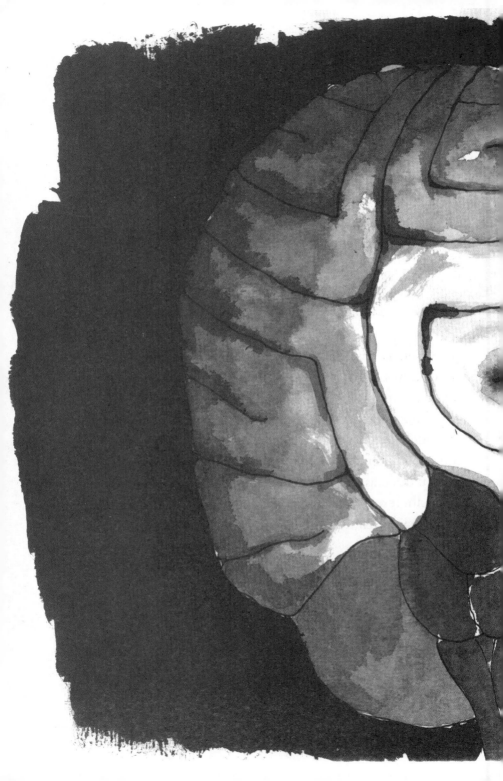

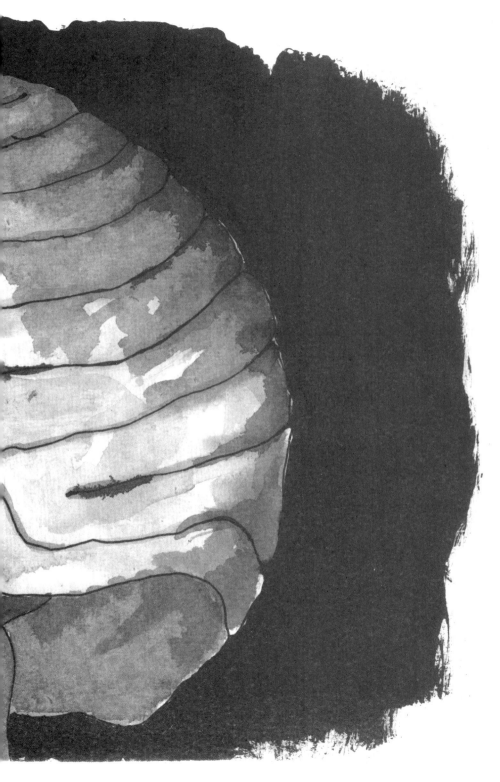

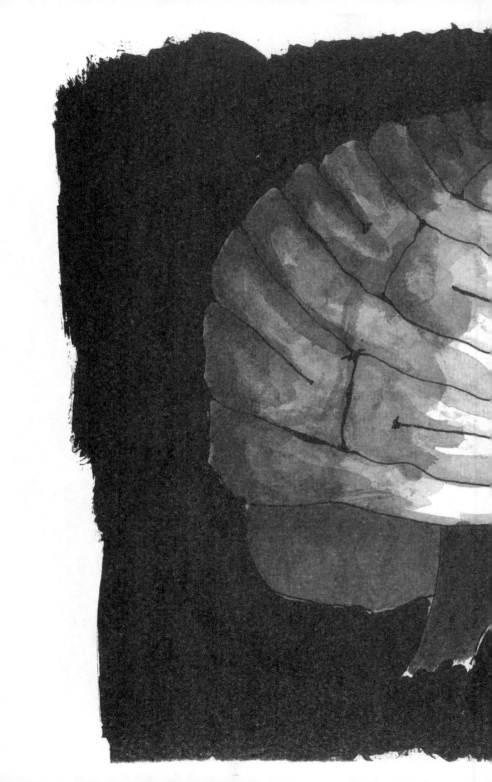

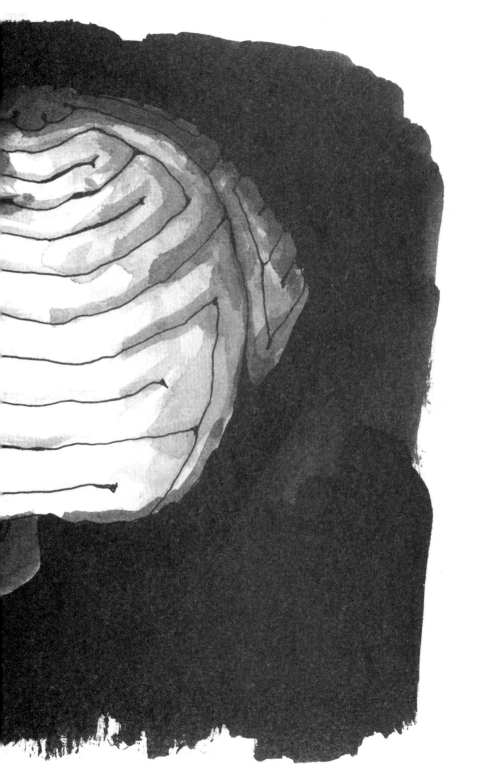

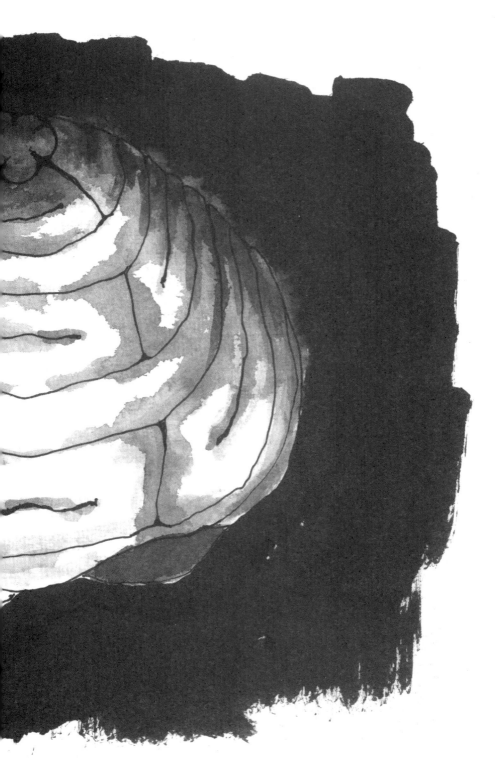

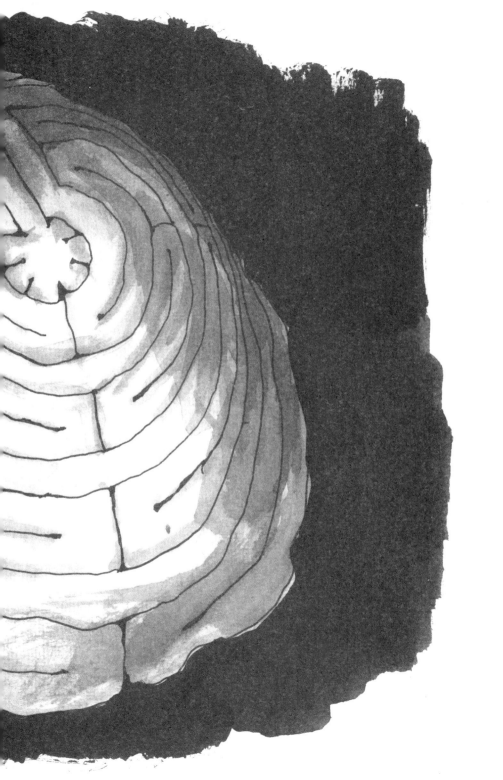

# 7.
# Eu e o Outro

O que separa eu do outro? Quais são os limites do eu? Como eu me conheço? O que sei do outro? Como posso interagir com o outro?

Biologicamente, o eu (*self*) e o não-eu (*nonself*) são muito bem distintos. Temos células especializadas, chamadas linfócitos T, que distinguem o que é eu do que é não-eu. A função dessas células é crucial para reconhecer a invasão de microorganismos ou qualquer corpo estranho e iniciar um processo inflamatório para combatê-los. Permite-nos viver em um ambiente tão competitivo, composto por bilhões de organismos biológicos em luta pela sobrevivência. Por outro lado, quando ocorre uma ruptura desse importante mecanismo de autorreconhecimento, doenças autoimunes sucedem-se. Estas células imunológicas não enxergam as nossas próprias células como nossas e as atacam. Isto ilustra o fato de que a separação do eu e do outro não mora apenas em nossas mentes como normalmente imaginamos!

De fato, as nossas experiências mentalmente elaboradas são absolutamente únicas para cada um de nós. As minhas experiências são exclusivamente minhas, pois elas estão relacionadas apenas às minhas percepções, minhas associações, minhas memórias, minhas expectativas, minhas intenções, meu tempo, meu espaço, meu "eu" inteiro. Mas o que sabemos do que os outros experienciam?

Um artigo publicado no jornal científico *Nature Neuroscience*[1] pode nos indicar algumas pistas. Em um experimento, duas pessoas que possuíam déficit na sensação periférica (elas sofriam de uma neuropatia sensorial rara que resultava na perda do tato cutâneo e da propriocepção – senso do movimento e posição próprios) observaram vídeos de pessoas levantando caixas. Em seguida, aos sujeitos perguntou-se se os carregadores das caixas haviam recebido informações corretas ou incorretas sobre o seu peso antes de erguê-las. A fim de determinar se o carregador foi enganado sobre o peso ou não, é necessário ser capaz de reconhecer o descompasso entre o preparo do carregador e o movimento resultado. Estes sujeitos com sensação periférica deficiente tinham uma performance claramente prejudicada em seus julgamentos em comparação a pessoas normais. Eles tinham um déficit seletivo

---

[1] S. Bosbach, J. Cole, W. Prinz, G. Knoblich, Inferring Another's Expectation from Action: the Role of Peripheral Sensation, *Nature Neuroscience* 8, 1295-1297, 01 Oct. 2005.

em interpretar a expectativa de outra pessoa em relação ao peso ao vê-la levantando caixas. Esse estudo demonstra a importância do nosso próprio corpo para fazer inferências sobre certos estados mentais das outras pessoas.

O que sei dos outros toma a mim mesma como referência. Eu sou tudo para mim. Eu sou o centro tanto do meu mundo interno como do mundo externo que percebo. Nenhuma dissociação é possível.

Se considerarmos que o que conhecemos dos outros toma a nós mesmos como espelho, podemos concluir que quanto mais eu me conheço, mais posso compreender o que passa com os outros. O autoconhecimento (e consequentemente o do outro) é possível através da análise contínua dos nossos sentimentos enquanto experienciamos a vida.

Para começar, é essencial ser capaz de sentir. Pobre do personagem Ognyov do conto "Verochka", de Tchekov, que era bastante ciente dos limites de sua capacidade sentimental.

> Quando ele alcançou a ponte, parou e refletiu. Ele queria encontrar a razão para a sua estranha frieza. Não jazia fora, mas dentro dele – estava claro. Ele francamente admitiu que não era o desapego frio de que pessoas inteligentes frequentemente se orgulham, ou o de um tolo autocentralizado, mas simplesmente impotência sentimental[2].

---

2  Anton Chekhov, *The Steppe and Other Stories*, 1887-1891, tradução de Ronald Wilks, Penguin Classics, 2001, p. 142.

E quão fabuloso é poder sentir. Ser tocado pela beleza das artes, o sorriso aberto e alegre de alguém, a inocência das crianças que brincam, as ideias vibrantes que algumas pessoas concebem ou o humor incisivo e perspicaz que outros cortam, o toque gentil e carinhoso que as pessoas amadas lhe dão, as puras ações de compaixão e generosidade, os resultados surpreendentes de raciocínios brilhantes, a persistência que alguns aturam e a dedicação que outros oferecem, as lágrimas tristes e comoventes que caem, a sensação de sabores deliciosos em nossas línguas, os retratos da natureza, a diversidade e formosura de suas cores, formas e movimentos, as amizades genuínas e de carinho, os olhares amantes, as grandes paixões da vida.

Não deve haver dádiva maior que olhar para o mundo e amar olhos além dos seus, como marcou W. H. Auden: "olhem para fora, olhos, e amem estes olhos que vocês não podem ser"[3] ou ser capaz de nutrir sentimentos tão profundos que o permitem confessar, como Auden também escreveu: "se afeto equivalente não pode existir / deixe o mais amante ser eu"[4].

Viver intensamente as emoções da vida e trabalhar bem com esses sentimentos é um aspecto chave para o processo do autoconhecimento. Toda pessoa que caiu em profunda tristeza, desespero, medo, angústia, sofrimento ou em euforias extáticas juntamente com uma introspecção refletida saiu desses momentos intensos fortalecida, com uma percepção

---

3   W. H. Auden, Edward Mendelson, *Collected Poems: Auden*, New York: Vintage International, Vintage Books, 1999, p. 590.
4   Idem, p. 584.

enriquecida e melhor compreensão de si própria, e, consequentemente, do outro também.

Essa compreensão mútua do eu e do outro é essencial para cultivar bons relacionamentos. Ser capaz de sentir compaixão pelo outro, manter-se aberto e compreensivo, tentar fazer com que o outro se sinta confortável, bem e encorajado, desatentar-se aos defeitos alheios, glorificar e desfrutar de suas virtudes, ter a coragem de perdoar e de humildemente pedir perdão, sentir o momento exato para exprimir as palavras certas ou permanecer em silêncio, saber quando abraçar e chorar junto ou fazer-se distante. Aceitar e explorar positivamente as diferenças e entender que as pessoas têm distintos sonhos, desejos, planos e maneiras de viver. É incrível contemplar a maturidade de muitos casais que ficam juntos durante anos compartilhando não apenas corpos, mas também sentimentos, ideias, prazeres e enfados da vida cotidiana, além dos momentos intensos e agudos com que a vida nos surpreende muitas vezes. Vidas são construídas conjuntamente.

Os relacionamentos germinam enormes belezas, mas não podemos esquecer que eles também nos deixam vulneráveis a muitos sofrimentos e aflições: os desentendimentos infelizes, os encontros desencontrados, as perdas inesquecíveis, as partidas dolorosas, as promessas não cumpridas, as expectativas perdidas, os sonhos não consumados, os conflitos explosivos. Conviver é absolutamente esplêndido, mas também perigoso. "Viver é perigoso", como o gênio Guimarães Rosa repetia e o poeta Vinícius de Moraes justificou: "A vida só se dá / Pra quem se deu / Pra quem amou, / Pra quem chorou / Pra quem sofreu, ai […] / ai de quem não rasga o coração"[5]. Meramente existir não deve ser suficiente para nós. Temos de viver (com o outro) e viver intensa e plenamente. Isto implica riscos, mas é simplesmente imperdoável não tomá-los.

---

5 Almir Chediak, *Songbook Vinícius de Moraes*, Rio de Janeiro: Luminar, 1993, v. 1, p. 64.

# 8.
# Depressão e Felicidade

"E hoje não há mendigo que eu não inveje só por não ser eu"[1]: Álvaro de Campos, um dos heterônimos de Fernando Pessoa. O que faz alguém sentir-se tão triste? O que ocorre no cérebro das pessoas deprimidas? Como podemos tentar levar uma vida mais feliz?

A depressão é um dos transtornos médicos mais comuns. Que fatores estão envolvidos? A genética exerce um papel crucial e muitos genes susceptíveis estão sendo identificados (por exemplo, o gene 5-HTTLPR). Entretanto, eventos estressantes são normalmente os ativadores de episódios depressivos. Como na maioria dos transtornos complexos, existem tanto fatores genéticos como ambientais envolvidos, e estes interagem entre si. Estudos mostraram que carregadores do

---

1  Fernando Pessoa, *Poemas*, Rio de Janeiro: Nova Fronteira, 1985, p. 135.

gene 5-HTTLPR têm duas vezes mais chance de se tornarem deprimidos após eventos estressantes. Os anos iniciais de crescimento também são variáveis importantes. Em laboratórios, inúmeros experimentos mostram que animais que foram bem cuidados na infância pela mãe são muito menos propensos a sintomas de ansiedade e depressão quando adultos do que os que não receberam tratamento apropriado.

Sabe-se que o cérebro de pessoas deprimidas possui uma quantidade diminuída do neurotransmissor serotonina e muitos outros. Os medicamentos usualmente utilizados para tratar depressão, tipo Prozac, chamados ISRS (inibidores seletivos da recaptação de serotonina) aumentam a quantidade de serotonina no espaço onde os neurônios se conectam. A terapia eletroconvulsiva (ainda em uso e um tratamento eficaz para depressão grave) eleva vertiginosamente a quantia de muitos neurotransmissores. Nos últimos anos, uma outra alteração biológica tem sido relacionada à depressão: neurogênese (a formação de novos neurônios) no hipocampo. Até o final do século vinte pensava-se que o cérebro adulto não produzia novos neurônios (todos os neurônios que você possuiria seriam aqueles com que você nasceu). Isto, em realidade, é verdadeiro para o cérebro inteiro, com exceção de duas áreas muito peculiares; uma delas, o hipocampo. Novos neurônios são produzidos durante toda a vida no hipocampo. O hipocampo é uma estrutura localizada profundamente nos lobos temporais, estando intimamente relacionado à memória. O hipocampo faz também parte do sistema límbico (um circuito neural de importantes estruturas cerebrais como a amígdala, o giro cingulado, o córtex pré-frontal, o hipocampo e outras, envolvidas no processamento emocional). A neurogênese e a depressão têm sido associadas em modelos animais de laboratório das seguintes formas: primeiro, os animais deprimidos têm um número reduzido de nascimento desses neurônios no hipocampo; segundo, os antidepressivos estimulam a neurogênese e o tempo para iniciação do seu efeito terapêutico corresponde ao de maturação destes novos neurônios; e terceiro, o efeito dos antidepressivos é dependente desses novos neurônios, como demonstrado no laboratório de Rene Hen, na Universidade de Columbia, em Nova York.

Algumas outras áreas cerebrais que fazem parte do sistema límbico exercem papéis essenciais na depressão, como a amígdala, o córtex pré-frontal, o giro cingulado. As imagens cerebrais funcionais têm consistentemente demonstrado uma disfunção no giro cingulado anterior, na área chamada 25, em pessoas deprimidas. Alguns pacientes sofredores de depressão refratária a tratamentos comuns, em uma pesquisa liderada pela neurologista Helen Mayberg, da Universidade de Emory, em Atlanta, tiveram estimuladores cerebrais implantados na área do giro cingulado com resposta bem-sucedida, apresentando diminuição notável dos sintomas depressivos.

Existem também muitos outros distúrbios do humor além da depressão. Um deles é o transtorno bipolar. As pessoas que sofrem de transtorno bipolar vivem em grandes extremos, em estados depressivos e maníacos. Das mais profundas e obscuras tristezas às alegrias mais elevadas e resplandecentes. O pior e o melhor da vida são percebidos. Momentos de completo desespero, sofrimento e miséria, e momentos incontrolavelmente radiantes. Clinicamente, as pessoas deprimidas, além de se sentirem tristes, podem sofrer alteração de peso, distúrbios do sono – com insônia ou dormindo demasiadamente –, a atenção e a memória são prejudicadas, ruminam pensamentos negativos e, especialmente, perdem o prazer das coisas da vida. Em estado de mania, essas pessoas se tornam estonteantemente alegres, falam muito e rapidamente, sentem-se mais poderosas, fazem muitos gastos em compras, ficam agitadas, dormem pouco, e os artistas tornam-se proficuamente produtivos. Famosos bipolares foram Sylvia Plath, Virginia Woolf, Gustav Mahler, Churchill, e a lista se estende longamente. Todos gigantescos realizadores. Entretanto, não deve ser fácil viver em tamanhos extremos. Os estabilizadores de humor, como o lítio, possibilitam um meio-termo no humor e melhoram a qualidade de vida de muitos bipolares. No entanto, retiram-se não só as penetrantes aflições, mas também alguns momentos de genialidade da mania. Faz-nos também questionar se, caso esses medicamentos houvessem sido utilizados há muito tempo, talvez tivéssemos ficado sem *Ariel, To the Light House* (Passeio ao Farol), a belíssima quinta sinfonia de Mahler e muitos dos paradigmas da Guerra Fria.

Algumas pessoas vivem em um estado chamado distimia. Não estão em completa depressão, mas o seu humor está sempre rebaixado. Do lado oposto está a hipomania. Os hipomaníacos não estão em total mania, mas vivem constantemente em um estado de espírito elevado, normalmente sem experienciar momentos depressivos como os bipolares. São, talvez, essas pessoas "força da natureza", repletas de energia, ideias, entusiasmo e intensidade.

Podemos agora mudar de direção para a felicidade. O que faz das pessoas felizes? A felicidade é uma questão que tem sido discutida das raízes mais profundas da filosofia até os livros mais superficiais de autoajuda. É claro, não existe receita. Cada pessoa tem de encontrar a sua própria maneira de ser feliz.

Aristóteles analisou esse tema em profundidade e considerou que a felicidade é algo que chega muito menos por sorte e mais por um processo ativo de autoconstrução através da moralidade. A felicidade, então, se tornaria um hábito de prática. Os indivíduos atingiriam esse estado de felicidade e o seu humor não flutuaria demais. Até os momentos mais difíceis seriam vividos com grande dignidade e um profundo senso de harmonia. Aristóteles acrescentou alguns adendos para se tornar uma pessoa feliz, como a busca da beleza, bom berço, ter bons filhos para quem passar a moralidade, ter alguns bens materiais, pois a pobreza estorva a felicidade com todos os rigores e as privações que traz, e ter amigos com quem compartilhar a vida.

O economista Eduardo Giannetti escreveu um livro extraordinário sobre a felicidade e analisou o fato de que a sensação de felicidade não se correlaciona sempre com a curva de ganho financeiro. Após ganhar uma certa quantia de dinheiro que permite viver bem, a felicidade não continua crescendo enquanto a renda ascende. Ele também trabalhou a ideia de que a felicidade pode morar muitas vezes na imaginação; seriam essenciais alguns momentos de sonho, de fantasia, de liberação das amarras mas, como ele enfatiza, sem perder os pés da realidade.

Uma questão que pode ser de enorme importância é a nossa liberdade de interpretar fatos. Somos livres para fazer e refazer histórias dos ocorridos da nossa realidade. Isto nos possibilita uma grande liberdade de escolher como queremos viver e enxergar as coisas. Essa ideia também traz consigo o conceito existencialista de liberdade de ser e fazer, que caminha de mãos dadas com a questão da responsabilidade. É claro, assumimos responsabilidade dos nossos atos e escolhas, mas não devemos carregar muito peso. O sentimento de culpa dilacera a mente. Na minha opinião, ser mais complacente consigo próprio pode livrar-nos um pouco dessa pesada carga.

Acredito que sentir que o que fazemos é relevante também traz significados para nossa vida. Sentir-se amado e ser capaz de amar preenche a vida com paixão. E sentir-se livre! Sensações como as descritas pelo compositor e regente Esa-Pekka, em artigo escrito sobre ele na revista *The New Yorker*:

> Tive isto uma manhã – foi como uma visão. Acordei cedo, minhas duas filhas estavam ainda dormindo e minha esposa também, vi os beija-flores fora da janela, e o sol estava brilhando. E senti algo muito estranho.

> Eu não sabia exatamente o que era. Fui para a cozinha e preparei para mim uma xícara de café. Enquanto sentava lá, pensei, por que eu me sinto assim? O que é isto? E então percebi que eu me sentia ... livre. *Nice feeling*².

Vou terminar com uma carta que escrevi para uma pessoa amada em profunda aflição. Mas acredito que ela pode ser estendida a todos os que são amados e sofrem.

> É um tempo difícil, eu sei. Qualquer entreluz transeunte é percebida como a mais intensa escuridão. Mas segure, aguente, persista, resista. Encontre qualquer ponto de força que ainda more dentro de você e o faça expandir e expandir até que ele o absorva completamente. Permaneça firme. As feridas cicatrizarão. As feridas sempre cicatrizam. Saiba que há pessoas que a amam, que estão com você, que a querem. Pense em todos os momentos alegres que estão por vir. Segure corajosamente.
>
> É só agora que você encontrou as mais tenebrosas e abismantes aflições que poderá alcançar as mais cintilantes e elevadas alegrias. Só agora você tem uma perspectiva profunda sua e do que pode ser do outro.
>
> É tempo de você se reorganizar com *insight* e firmeza. Reparar as feridas e articular maneiras de proteger

---

2  Cf. Alex Ross, Onward and Upward with the Arts, "The Anti-maestro", *The New Yorker*, p. 60, April 30, 2007.

as suas áreas sensíveis. Fechar o "eu" destrutivo que habita em cada mente e cultivar e glorificar o seu ser construtivo.

Quem passou por esta vida e nunca foi ferido? Só aqueles que fugiram da vida e a perderam. Você enfrentou o mais difícil dela. Depois disto, você poderá vivê-la plenamente e intensamente.

Agora você terá a grande oportunidade de se reconstruir da base zero, usando alicerces sólidos e todos os mecanismos que lhe permitirão desfrutar unicamente das tremendas belezas que a vida é capaz de oferecer.

# 9.
# Liberdade e Ética

"O homem é liberdade." Jean-Paul Sartre veementemente proclamou que o homem é livre. De acordo com os existencialistas, o homem está se autoinventando e construindo e, consequentemente, a humanidade, a cada instante. Talvez não devamos cair completamente na falácia da tábula rasa ou no determinismo hereditário ou ambiental de Zola. Uma boa mistura deve estar mais próxima da resposta verdadeira para a natureza humana. Genes, ambiente, escolhas livres.

As nossas interpretações dos eventos das nossas vidas e do mundo e a possibilidade de fazer escolhas nos dão uma imensa liberdade de "ser", embora seja claro que a liberdade jamais pode ser completa. Existe a liberdade dos outros, cujas fronteiras não podem ser rompidas. Há possibilidades circunstanciais limitadas a escolher. Existem *frameworks* fisiológicos.

Mas será que podemos realmente suportar a liberdade? E as sensações de ansiedade emergidas com o que poderia ter sido caso a segunda ou a terceira escolha tivesse sido feita? E o sentimento terrível de culpa carregada e, muitas vezes, alimentada em nossas decisões? E a angústia gerada com a ideia de que as nossas vidas estão em nossas próprias mãos?

Muitos já questionaram se a maioria dos homens pode ser feliz com a dada liberdade de escolha. Haveria muitos sentimentos negativos com que lidar. Essa pode ser uma das explicações para os momentos na história em que o homem deixou para trás a sua individualidade e abraçou as decisões de massa, como nos movimentos totalitários. Aparentemente, poderia ser mais fácil viver. Sem introspecções, ansiedades ou sentimentos de culpa. Apenas deixe os outros lhe dizerem o que é certo e errado, o que deve e não deve ser feito. Palavras de ordem. Freud dedicou os últimos anos de sua vida a estudar psicologia de grupo. Não foi nenhuma surpresa para ele quando os nazistas bateram em suas portas judias. Ele já o havia previsto. Sabia que as pessoas podiam e iriam cair na tentação de escutar e simplesmente seguir uma voz concisa e forte que iria apaziguar os seus superegos estraçalhados. Entretanto, a história provou que essa voz soa violência, preconceito, horror e ódio.

Seria verdade que "se Deus não existe, tudo é permitido", como afirma essa sentença, encontrada em *Irmãos Karamazov*, de Dostoiévski? Precisaríamos almejar os campos floridos do Paraíso ou temer os fogos ardentes do Inferno a fim de agir moralmente em nossas vidas? Não podemos justificar as nossas escolhas e ações de livre-arbítrio aqui e agora? Mas uma vida moral sob que códigos? Os sistemas gerais kantiniano ou hegeliano ou qualquer religião não podem, de maneira alguma, fornecer-nos respostas para as sutilezas e a complexidade de cada caso particular. Temos de assumir a nossa subjetividade e tomar as nossas decisões de acordo com o que há de mais profundo dentro de nós; nossos valores, nossos desejos, nossa própria história. É doloroso, muitas vezes, mas é a única maneira de assumir responsabilidades em nossas vidas e estar engajados eticamente no mundo. É a única maneira de verdadeiramente "ser" ao invés de se tornar uma marionete que dança qualquer música escolhida pelos outros para tocar. Exercer o livre-arbítrio de ser e fazer não é fácil. Faz-nos profundamente encarar a nossa inerente ambiguidade. A liberdade é, entretanto, a mais preciosa possessão a que cada um é provido e que nunca deve deixar escapar.

10.
# Quem Somos?

O que define o que somos? Quem exerce o papel principal: genética ou ambiente? O longo conflito entre "nature" e "nurture" continua.
Se pensarmos em genética, o que realmente conta é a expressão dos genes, isto é, quais dos genes que você herdou estão efetivamente ativos. Muitos desses genes serão automaticamente ativados, formando circuitos neurais pré-determinados; no entanto, muitos outros serão expressos de acordo com a interação ambiental. Em uma analogia, é como se você tivesse recebido de seus pais uma rebuscada caixa de ferramentas. Explorando e usando essas ferramentas, você pode produzir uma grande variedade de objetos. Pode fazer diversos projetos de construção; existem muitas possíveis vias a seguir. Haverá ferramentas que jamais serão utilizadas,

e você ficará simplesmente com objetos em potencial que nunca se tornarão realidade, e haverá outras que serão exploradas de maneiras muito particulares. Você poderia, por exemplo, desenhar e construir um número incomensurável de tipos de mesas. Entretanto, se você não recebeu uma serra entre as suas ferramentas, será realmente muito difícil fazer qualquer mesa. Você pode, todavia, ter recebido todo o material para construir uma mesa, mas nunca querer ou ter a ideia ou a oportunidade de fazê-lo. Em termos mais práticos, você pode, por exemplo, ter herdado genes que o deixam propenso a abusar de bebidas alcoólicas, mas se decidir nunca experimentar álcool na sua vida, você jamais se tornará um alcoólatra. Recebemos tipos de "ferramentas" (genes) pré-determinados, porém a maneira como eles serão ativados pode produzir uma vasta variedade de resultados. Você poderia fazer um número interminável de diferentes "você" do mesmo genótipo herdado de seus pais.

De fato, a interação entre genética e ambiente é um aspecto chave para definir quem somos. O exemplo a seguir ilustra o papel crítico do ambiente. As áreas do corpo representadas nos córtices cerebral motor e sensorial variam de acordo com o uso e as experiências do indivíduo. Em um experimento, foram realizadas imagens do cérebro de músicos de corda[1]. Tocadores de corda fazem um uso habilidoso e individualizado do segundo ao quarto dedos da mão esquerda, enquanto os digitais da mão direita não se movem

---

1   T. Ebert et al., Increased Use of the Left Hand in String Players Associated with Increased Cortical Representation of the Fingers, *Science* 1995; 220, p. 21–23.

muito. O estudo demonstrou que o cérebro de músicos é diferente do de não músicos. A área representativa dos dedos esquerdos no córtex cerebral dos músicos de corda é extraordinariamente maior do que em não músicos, enquanto que a representação da mão direita não apresentou diferença significativa entre os dois grupos. Isto mostra uma relação direta entre exposição ambiental e mudanças estruturais no cérebro e, consequentemente, em comportamento. Esse estudo também expôs uma correlação entre o tamanho da área cortical representada e a idade em que os músicos começaram a tocar. Quanto mais jovens eles iniciavam sua carreira musical, maior era a área representativa de dedos no cérebro.

Qual é a influência das experiências no começo de nossas vidas em delinear a nossa personalidade? Como devemos olhar as teorias psicanalíticas?

Levine e colegas conduziram experimentos comparando o comportamento de filhotes de cachorros, cuidado materno e resposta ao estresse[2]. Quando os filhotes de cachorros (com duas semanas de idade) eram separados de suas mães por apenas alguns minutos, ao reencontro os filhotes eram mais chorosos e as mães respondiam sendo mais cuidadosas, lambendo-os e carregando-os com maior frequência. Essa ligação materna durante a infância levou, para o resto da vida desses animais, a menores níveis plasmáticos de hormônios relacionados ao estresse e mais branda resposta de ansiedade

---

2  S. Levine, Infantile Experience and Resistance to Physiological Stress, *Science* 1957; 126, p. 405–406.

a fatores estressantes. No entanto, quando o tempo de separação era maior (de três a seis horas por dia, durante duas semanas) as mães respondiam diferentemente, passando a ignorar os seus filhotes e dedicando-se menos ao seu cuidado. Isto levava ao aumento dos níveis de hormônios relacionados ao estresse nos pequenos cachorros, e ao maior comportamento de ansiedade não só quando filhotes, mas também em sua fase adulta. Trata-se de um excelente exemplo de como experiências precoces podem afetar respostas biológicas-comportamentais durante toda a nossa vida.

Nossos dias iniciais de aprendizagem são de extrema importância, já que é o período em que nosso cérebro é mais plástico. Muitas coisas podem ser, de fato, determinadas nessa fase, com robustas influências para o resto de nossas vidas; no entanto, não devemos olhar para isso como o fim do jogo. A beleza do cérebro é que o que foi aprendido também pode ser reaprendido. Eis o objetivo, por exemplo, da psicanálise; criar um ambiente propício a reavaliações e reaprendizagens. É intrigante percebermos que muitas vezes mais importante que os fatos em si próprios é como nós os interpretamos. Interpretar positivamente os eventos que ocorreram e ocorrem em nossas vidas é uma estratégia preciosa que possuímos. Gozamos de uma certa liberdade nos *frameworks* em que nos encontramos.

Além disso, uma questão muito importante é que a vida é também bastante governada por um processo estocástico. Um estudo elegante publicado no jornal científico *Cell* demonstrou que se mantivermos uma população geneticamente idêntica de *Caenorhabditis elegans* (um nematódeo) exatamente no mesmo ambiente, com o tempo haverá diferenças significativas no tempo de vida dos indivíduos. Isto se passa devido a mudanças que ocorrem, ao acaso, em sua expressão genética.

Concluindo, para tornarmos quem somos existe uma interação única e desconcertantemente complexa entre os nossos genes, nossas exposições ao longo da vida, nosso desenvolvimento cognitivo, nossas livres escolhas e, não podemos esquecer, um bom montante de sorte também.

11.

# Uma Breve Reflexão sobre o Tempo

O universo tem 13.7 bilhões de anos. Estima-se que a humanidade exista há 200 mil anos. As coisas vêm acontecendo muito antes de o primeiro primata ter surgido com a evolução. Agora, pensemos em nossa vida. Viveremos oitenta, noventa anos? Para começar, devemos nos sentir com sorte. Há não muito tempo a expectativa de vida era de trinta anos (e, infelizmente, isto ainda é verdade em muitas regiões da África). De qualquer forma, o que é noventa anos em 13,7 bilhões de anos? Estamos neste mundo por um espaço de tempo finito e muito curto. Muitas coisas aconteceram antes de nós e acontecerão depois de nós.

Com tão efêmera existência, muitas pessoas se preocupam com o legado que deixarão. Fazer parte dos livros de história se você se tornar um grande político, ser laureado com o prêmio Nobel se você se tornar um cientista prodígio, ter seus quadros pendurados no Metropolitam Museum se você se tornar um artista famoso. Poucos o atingem (é verdade que muitos sequer planejaram isto...). Por outro lado, como Woody Allen escreveu no *The New York Times* alguns dias após a morte do grande cineasta Ingmar Bergman:

> Eu digo às pessoas que têm uma visão romântica do artista e consideram a criação sagrada: no final, a sua arte não o salva. Não importa quão sublimes trabalhos você fabrica, eles não o anteparam da inevitável batida à sua porta [...] eu já brinquei que a arte é o catolicismo intelectual, isto é, uma crença esperançosa no pós-vida. Melhor que viver nos corações e mentes do público é viver no seu apartamento, é como eu coloco.

De qualquer forma, a maioria das pessoas vive sua vida pequena sabendo que é uma coisa passageira, na qual poderá realizar pequenas mudanças em seus arredores, pois este é o seu momento, curto, mas seu, e que pode ser aproveitado, não se preocupando demais com o legado a ser deixado depois que sua existência cessar. Outros pensam em marcas menores e de curto prazo. Minha avó, por exemplo, deu a foto dela a cada um de seus netos de modo que não somente os seus genes mas também a sua imagem (é claro, juntamente com histórias) passassem para frente.

Nem tudo é tão finito, todavia. Conhecimento, por exemplo, pode ser acumulado e transmitido através de gerações.

Sabemos como fazer e usar uma escova e uma pasta de dentes (você pode imaginar a vida na Idade Média sem o hábito de escovar os dentes?). Podemos facilmente viajar de um país a outro (imagine ir de Paris a Berlim alguns séculos atrás!). Deixaremos, com orgulho, computadores para as próximas gerações (ainda lembramos o trabalho de corrigir palavras com letras trocadas em uma máquina de escrever…).

As descobertas em ciência são muitas vezes possíveis através de conhecimento acumulado. Décadas atrás, diversas enzimas foram descobertas e, naquela época, eram apenas curiosidades biológicas. Foi apenas após muitos anos que se encontraram aplicações para essas enzimas em muitas reações importantes realizadas diariamente em laboratórios. Em ciência, em geral, cada peça do quebra-cabeça é desvendada a um tempo. Ainda mais, leva tempo para saber se uma descoberta é realmente verdadeira, precisa ser reelaborada ou é completamente errada. Não é à toa que apenas muitos anos após uma grande descoberta ser feita em ciência que ela é laureada com o prêmio Nobel (não apenas em ciência é mas em vários campos, o tempo julga a importância dos achados, ideias. A diferença é que a ciência pode lidar com testes empíricos mais razoavelmente controlados).

Voltando à nossa individualidade, interessantemente nós, em nossa curta existência, temos uma perspectiva individual do tempo. Envelhecemos. Vivemos as mudanças da infância à adolescência à fase adulta e, depois, à senescência. Vivemos as mudanças do *playground* à escola ao escritório. Apaixonamo-nos e vimos a paixão subir, queimar, explodir e depois cicatrizar com o tempo. Perdemos pessoas amadas e sabemos como nossos sentimentos evoluíram com o tempo. Fizemos nosso trabalho, pensamentos, relacionamentos passarem pela progressão do tempo. Cada um de nós vive em nosso tempo pequeno e único em meio a outros pequenos e grandes.

12.

# Escolhas e Balanças

Como você prefere viver? Você escolhe os versos eufóricos de Walt Whitman, a lírica constrita de Rainer Maria Rilke ou os poetas de meio-tom como Emily Dickson e Milosz?

Viver é escolher. Fazemos escolhas a todo tempo. E quão vividamente vivenciamos cada único instante. Como Fernando Pessoa escreveu, "O presente é todo o passado e o futuro"[1]. Ele carrega as consequências do passado e prepara as causas do futuro. A cada ponto no tempo, ele sintetiza o que foi e prenuncia o que será. Estamos constantemente medindo os efeitos a que nossas escolhas levam agora e no futuro. Vou aproveitar a festa até mais tarde ou vou para a

---

1 Fernando Pessoa, *Poemas de Alvaro de Campos*, edição e introdução de Cleonice Berardinelli, Lisboa: Impr. Nacional-Casa da Moeda, 1992, p. 35

cama mais cedo e ficar mais atento amanhã? Vou comprar uma casa agora tomando dinheiro emprestado ou vou guardar dinheiro para comprá-la depois, sem ter de pagar juros?

Como tomamos decisões? Sabemos que o lobo frontal (em particular, o córtex pré-frontal) é uma área do cérebro extremamente importante para tomar decisões. Lesões nessa região trazem aos pacientes imensa dificuldade em fazer julgamentos, pesar as consequências a vir, ordenar os eventos da memória para passos prospectivos, planejar o futuro e organizar as ações de acordo.

Como um exemplo, o famoso caso de Phineas Gage é bastante revelador. O sr. Gage era um trabalhador de construção ferroviária na Inglaterra que, em 1848, sofreu um terrível acidente. Um tubo metálico foi propelido em uma explosão, atravessando sua cabeça e lesando seus lobos frontais. Ele sobreviveu, não teve nenhum dano motor ou intelectual, mas seguiu-se uma modificação notável em sua personalidade. O seu médico, o dr. Harlow, descreveu com as seguintes palavras as mudanças marcantes no seu comportamento: "Ele tornou-se impaciente de restrição ou conselho quando conflitava com seus desejos, às vezes perniciosamente obstinado, mas ainda caprichoso e vacilante, mirabolando muitos planos de operação futura, que tão cedo eram arranjados como abandonados por outros que lhe pareciam mais viáveis"[2]. Gage não mais era o construtor responsável e trabalhador que todos conheciam. Sua

---

2 John M Harlow, *Recovery from the Passage of an Iron Bar Through the Head*, publicado por Clapp, 1869, p. 10.

nova personalidade foi um desastre para sua vida profissional e pessoal. "Gage não era Gage", como seus colegas diziam. Ele não mais escolhia suas opções de vida da maneira que fazia antes.

Ilustraremos melhor esse cenário com uma experiência. Pessoas com lesões no lobo frontal ventromedial e pessoas sem lesões cerebrais participam em um teste que é um jogo de aposta. Aos participantes é dado um empréstimo de $200 e a eles é dito que o objetivo do jogo é ganhar a maior quantidade de dinheiro possível e perder o mínimo que puderem. Eles são colocados à frente de quatro pilhas de cartas: A, B, C e D. À cada rodada, a pessoa tem de escolher uma pilha e, assim, a carta é aberta revelando se o jogador vai ganhar dinheiro ou terá que repagar o experimentador. Nenhuma informação é fornecida sobre as diferenças das pilhas de cartas. As regras desveladas são que nas pilhas A e B as cartas assinalam um ganho de $100, mas, às vezes, revelam que o participante tem de pagar $1250. Por outro lado, nas pilhas C e D os ganhos são apenas de $50, porém as perdas são muito menores (menos que $100). Os participantes normais, inicialmente atraídos pelas compensações maiores, jogam nas pilhas A e B. Entretanto, dentro de trinta das cem rodadas designadas eles percebem que essas pilhas são muito perigosos e transitam para as pilhas C e D. As pessoas com lesões frontais se comportam muito diferentemente. Após uma exploração inicial de todos as pilhas, elas continuam firmemente apostando nas arriscadas pilhas A e B até o final do jogo, mesmo que tenham grandes perdas que lhes obrigam a tomar dinheiro emprestado. Ainda mais, se o teste for repetido, elas ainda preferem escolher as pilhas A e B. Eis um teste empírico que comprova que áreas específicas do cérebro são responsáveis por certos comportamentos de como tomamos decisões.

Além das nossas buscas por recompensas e satisfações, os estudos enfatizam que as nossas decisões também estão muito associadas à aversão ao remorso, uma sensação de responsabilidade dos resultados negativos das nossas escolhas. O córtex órbitofrontal, uma região no córtex pré-frontal do cérebro, é uma área que exerce um papel crucial tanto na experiência hedônica da recompensa como na sensação de arrependimento em nossas decisões. Lesões focais no córtex órbitofrontal também causam alterações gigantescas na maneira como fazemos as escolhas diárias da vida.

As nossas decisões são inevitavelmente uma interação entre os mundos externo e interno que habitam dentro de nós. Tomamos decisões de acordo não apenas com as circunstâncias externas, mas também em relação aos nossos sentimentos e emoções, nossas próprias razões, probabilidades percebidas e premeditadas, nossas expectativas e desejos. Sim, nossos mais profundos desejos. É verdade que esses desejos não estão sempre tão obviamente aparentes para nós. Algum tempo de processamento mental pode desvesti-los, pelo menos parcialmente. Para George Bernard Shaw, no entanto, não importa muito se podemos desmascará-los e realizá-los ou não: "Há duas tragédias na vida: uma, a de não alcançar o que o nosso coração deseja; a outra, de alcançá-lo"[3].

Como devemos tomar as decisões nas nossas vidas? Devemos viver como libertinos, sugando cada momento como se fosse o último e fazendo qualquer coisa para obter indulgências extáticas? Ou como os cautelosos que abdicam de todo e qualquer possível prazer do presente que possa potencialmente causar algum impacto negativo no futuro, mesmo que seja mínimo? Não existe resposta categórica. Cada pessoa deve viver como se sente bem e apropriado. Podemos escolher estar em qualquer ponto nas balanças da vida. A maioria das pessoas encontra um equilíbrio entre o hoje e o amanhã, entre os mundos interno e externo, uma boa solução. Podemos desfrutar de alguns prazeres do agora sem prejudicar demais o futuro? Podemos ter uma vida introspectiva rica (pensamentos, sonhos, autoanálise) sem perder contato com o mundo exterior (relações com pessoas, atenção aos eventos na rua, ao filme na tela, ao próximo passo a tomar…) e até mesmo instigar uma interação produtiva entre os mundos objetivo e subjetivo?

Alguns exemplos de extremos nas balanças da vida são belamente ilustrados pelos personagens Prometeu e Epimeteu neste extrato de Francis Bacon:

> Os seguidores de Epimeteu são improvidentes, pouco veem à sua frente e preferem aquilo que seja aprazível

---

[3] George Bernard Shaw, *Man and Superman: A Comedy and a Philosophy*, publicado por Brentano's, original from Harvard University, 1916, p. 174.

no presente; daí que vivam oprimidos por numerosos apertos, estorvos e calamidades contra os quais batalham de modo quase contínuo. Nos intervalos, contudo, eles satisfazem a sua índole e, por falta de um melhor conhecimento das coisas, alimentam a sua alma com esperanças vãs e se deleitam e suavizam as misérias da vida como que imersos em sonhos prazerosos. Já os seguidores de Prometeu são homens prudentes e ressabiados, que miram o futuro e que, cheios de cautela, antecipam e previnem muitas calamidades e infortúnios. Ocorre, porém, que esta índole alerta e providente vai escoltada pela privação de numerosos prazeres e pela perda de diversas delícias, visto que tais homens sonegam a si próprios o desfrute até mesmo de coisas inocentes e, o que é ainda pior, eles se torturam e dilaceram com cuidados, temores e inquietações, ficando assim amarrados ao pilar da necessidade e atormentados por um sem-número de pensamentos que ferem, rasgam e esburacam sem cessar o seu fígado ou mente[4].

Os Epimeteus da vida escolhem abandonar a cruel realidade e mergulham em um fabuloso mundo de fantasias. Os Prometeus vivem amarrados pelas correntes do futuro, que são de ouro, mas amedrontadoras. Alguns vivem cada único minuto como se fosse o último, outros vivem repugnados

---

4   Francis Bacon, Robert Leslie Ellis, William Rawley, *The Works of Francis Bacon*, publicado por Hurd and Houghton, 1864, v. 13, p. 153.

pelo passado inteiro, todo presente e qualquer possível futuro. "Não sou nada / Nunca serei nada [...] Falhei em tudo / Como não fiz propósito nenhum, talvez tudo fosse nada [...] Fiz de mim o que não soube / E o que podia fazer de mim não o fiz"[5], como os versos de Fernando Pessoa aludem, ou os de Rainer Maria Rilke "as feras perceptivas notaram que nós / não estamos muito confortáveis em casa/ no nosso mundo interpretado"[6]. Poucos podem viver constantemente no espírito exaltado de Walt Whitman: "Eu celebro a mim mesmo, canto a mim mesmo"; "Dentro de mim latitudes se alargam, longitudes se estendem [...] Dentro de mim é o dia mais longo, o sol corre em anéis reclinantes"[7]. E, sinceramente, a maioria das pessoas mora mesmo no meio-tom dos versos de Milosz: "Algumas vezes acreditando, outras vezes não acreditando"[8]. Na realidade, somos livres para escolher e colocar muitos dos pesos nas balanças das nossas vidas, e também para carregá-los depois.

---

5 Fernando Pessoa, Tabacaria, em *Poemas*, Rio de Janeiro: Nova Fronteira, 1985, p. 132.
6 Rainer Maria Rilke, *Duino Elegies*, Daimon Verlag, 1997, p. 27.
7 Walt Whitman, Karen Karbiener, George Stade, *Leaves of Grass: First and "Death-Bed"*, Spark Educational Publishing, 2004, p.190 e 295.
8 Czeslaw Milosz, Consciousness, em *New and collected poems:* 1931-2000, HarperCollins, 1998, p. 432.

# 13.
# Emoção

"Eu o vejo – o passado – como uma avenida derramada atrás; uma longa fita de cenas, emoções [...] Quase não tenho consciência de mim mesma, mas apenas da sensação. Sou apenas o container da sensação de êxtase, da sensação de ruptura"[1]. Virginia Woolf esboçou o seu passado como pontos altamente emotivos conectados. Proust pintou as memórias de seus personagens em *La Recherche du temps perdu* (*Em Busca do Tempo Perdido*) com cores menos drásticas, mas o tom emotivo estava sempre lá. O fato é que todos nós temos nossas recordações intima e inseparavelmente difundidas com as emoções do momento vivenciado.

1 Virginia Woolf, Jeanne Schulkind, *Moments of Being*, New York: Harcourt Trade, 1985, p. 67.

Todos nós sabemos quão vividamente recordamos os momentos altamente emotivos de nossas vidas, o nascimento de uma criança, o dia de um casamento feliz, a morte de uma pessoa amada ou todos os eventos traumáticos pessoais. Empiricamente, experimentos têm confirmado que a elevação emocional aumenta o nível de atenção, memória e aprendizagem.

Quando codificamos memórias emocionais, diversas áreas cerebrais são ativadas e, com o tempo, consolidadas. Diversas alterações eletrofisiológicas, bioquímicas e estruturais ocorrem nas sinapses, as conexões entre os neurônios. Quando as memórias são recapituladas em nossas mentes, as emoções vivenciadas retornam à tona. Lembranças de momentos alegres são acompanhadas de sensações prazerosas, as recapitulações de memórias ruins vêm conjuntamente com as sensações angustiantes. Recordar o passado feliz pode ajudar a alegria do presente. Ainda mais, ao recapitular uma memória associada a emoções, esta entra em um período lábil, plástico, em que modificações podem ocorrer. Eventos negativos podem, por exemplo, ser reinterpretados e rememorizados emocionalmente de maneira mais positiva, ou, se reativados e trabalhados inadequadamente, podem causar diversos danos emocionais.

Nas artes, o valor da emoção tomou novos ares com o movimento expressionista em meados do século vinte. Emoção transformando a natureza. As impressões foram relegadas e as expressões se tornaram pontos centrais; do complexo, conflituoso e amplamente emotivo interior humano para o mundo exterior: as ações na vida, as tintas na tela. Os alemães Ernst Kirchmer, Max Beckmann, Emil Nolde, os austríacos Oskar Kokoschka, Egon Schiele e muitos outros artistas iconizaram o papel principal que a emoção passou a direcionar nas artes, nas discussões, no viver.

No palco central do estudo científico da emoção está a amígdala, a região do cérebro que, juntamente com outras estruturas, está intimamente relacionada ao processamento emocional. Pessoas com uma rara doença, chamada síndrome de Urbach-Wiethe, padecem de lesões seletivas das amígdalas. Estes pacientes desenvolvem imensa dificuldade em recordar e reconhecer palavras, figuras ou histórias emotivas. Interessantemente também, lesões da amígdala suprimem respostas a um estímulo emocional (por exemplo, medo diante de um estímulo ameaçador), enquanto lesões do hipocampo prejudicam a recordação do contexto ambiental em que a experiência emocional ocorre. A amígdala tem sido extensivamente implicada em diversos distúrbios psiquiátricos, e, em particular, no grupo das ansiedades, como a síndrome do pânico, a doença obsessiva-compulsiva, a ansiedade generalizada, as fobias e o transtorno do estresse pós-traumático. Outros transtornos psiquiátricos também têm a amígdala intimamente implicada, como a depressão e o autismo. O conhecimento mais aprofundado dos mecanismos que ocorrem na amígdala no processamento emocional pode ajudar a elucidar a patogênese dessas doenças e desvendar alvos terapêuticos farmacológicos.

O medo é uma emoção que todos os animais experienciam (como Darwin analisou em A *Expressão das Emoções nos Homens e Animais*). É a maneira de se adaptar ao ambiente, de prever eventos adversos e responder apropriadamente. Isto permitiu extensos estudos em roedores, facilitando o estabelecimento das vias neurais precisas envolvidas no processamento do medo. O paradigma clássico para estudar como os eventos emocionais são memorizados e como as associações ocorrem é o condicionamento pavloviano do medo. Um estímulo inócuo, como um som (estímulo condicionado) é pareado a um estímulo nocivo, como um choque nos pés de camundongos (estímulo não condicionado). Após alguns pareamentos temporais repetitivos, o condicionamento acontece. A pura exposição do som induz o comportamento de medo nos animais, como "congelamento". Inúmeros experimentos comprovaram a importância da amígdala no condicionamento do medo; lesões aí danificam fortemente este condicionamento. Os fenômenos neuronais elétricos e moleculares envolvidos no condicionamento pavloviano do medo foram quase que completamente desvelados na busca do entendimento de como memórias aversivas são codificadas e consolidadas. Tal conhecimento pode ajudar a entender, por exemplo, o transtorno do estresse pós-traumático: como uma pessoa memoriza um evento traumático e como essa memória é mantida, o evento reconstruído em suas mentes e as emoções reemergidas aos menores estímulos que a façam recordar o evento.

Os experimentos de condicionamento foram cruciais também para estudar o processamento consciente e inconsciente da memória emocional. As informações de um som condicionado a um choque, por exemplo, correm rapidamente por vias neurais até áreas envolvidas a respostas imediatas e inconscientes, como o hipotálamo (que estimulará o aumento da pressão arterial e da frequência respiratória e a dilatação das pupilas); já outras vias vão direto ao córtex. Áreas como o córtex cingulado estão intimamente relacionadas à experiência consciente da emoção. A amígdala conecta-se tanto com o hipotálamo como com o córtex cingulado, coordenando a experiência consciente e inconsciente do medo. Esses achados proveram suporte empírico ao longo debate de como as experiências conscientes e inconscientes se relacionam nos estados emocionais. A existência de duas vias distintas, uma que vai direto ao córtex e outra que rapidamente o desvia apoia a ideia que o filósofo americano William James e o psicólogo dinamarquês Carl Lange propagaram de que, diante de um estímulo emocional, primeiro ocorre uma resposta fisiológica inconsciente e só depois o medo se torna consciente. Se você se confrontar com uma cobra, por exemplo, primeiro o seu corpo responde (seu coração bate mais rápido, sua respiração aumenta, você corre, transpira) e só depois você se torna ciente do medo. A teoria James-Lange, juntamente com os estudos mais recentes do neurocientista clínico português António Damásio, argumentam que isto ocorreria também para outras emoções: primeiro o choro, depois a tristeza; primeiro a atração, mais tarde viria o amor.

As emoções dão as expressões e as cores das fotos que tiramos ao longo de nossas vidas. A neurociência tem avançado enormemente no conhecimento biológico de como as memórias emocionais são codificadas, consolidadas e reconsolidadas quando revivemos essas memórias, abrindo caminhos para intervenções terapêuticas nas doenças de ansiedade e humor. De modo mais geral, emoção e sentimento podem ser vistos como os maestros do processamento mental. Eles coordenam nossa motivação, atenção, percepção, respostas, intensificam ou diminuem nossa aprendizagem e estão profundamente envolvidos com a experiência consciente e os ocorridos subterrâneos que revolvem nosso inconsciente.

## 14.
## Malhas e Fios

O conflito e a comunhão do individual e do geral são inerentes a nossas vidas. Somos indivíduos únicos, com nossos próprios genes, histórias, memórias, arquitetura cerebral, imersos em uma sociedade em um determinado tempo e espaço. A humanidade e um homem, o amor e o meu amor, ansiedade e o medo de Maria. O indivíduo pertence ao todo e o todo não existe sem o grupo de indivíduos. Entretanto, o total não é igual à soma das partes. Ele toma suas próprias formas. A vibração do indivíduo pode se dispersar na multidão. Outras vezes, a multidão energiza o indivíduo (simplesmente aglomere adolescentes juntos e veja o resultado).

A ciência e a medicina são exemplos notáveis do geral, do individual e suas interfaces. A ciência está em busca das teorias gerais, do universal, enquanto a medicina concerne a pessoas individuais. Os neurocientistas são fascinados pelo funcionamento cerebral, entender como o cérebro trabalha, seus *networks*, bioquímica, seus mecanismos celulares e moleculares. Ao elaborar experimentos com numerosos grupos e controles adequados, procuram-se respostas gerais e validadas para questões sobre a memória, aprendizagem, percepção, o controle motor. De outro lado, neurologistas, por exemplo, têm de olhar para os olhos únicos de cada paciente, reunir história e exames consistentes a fim de chegar ao diagnóstico correto e tratar o paciente de acordo. As interfaces entre a ciência e a medicina, o geral e o particular são, todavia, mais intricadas.

É também do particular que chegamos ao geral. Por exemplo, do caso único do paciente H. M., que teve o seu hipocampo e áreas adjacentes removidos a fim de controlar suas intratáveis crises epilépticas, ao entendimento geral de como a memória ocorre no cérebro humano. Pudemos aprender que o hipocampo é uma área essencial para transformar memória de curto em longo prazo, já que H. M. não mais conseguia aprender novos fatos e episódios da sua vida após a cirurgia. O caso dele também nos ensinou que existem diferentes tipos de memórias e que nem todas estão diretamente envolvidas com o hipocampo (alguns tipos de memórias são explícitas, conscientes, enquanto outras são implícitas, inconscientes e envolvem outras áreas como o cerebelo e o *striatum*). Além disso, a partir dos "experimentos da natureza", grandes avanços científicos puderam se realizar. Por exemplo, no caso de uma pessoa que sofreu um acidente vascular cerebral em uma área particular do córtex frontal, observou-se que esse paciente não mais podia se expressar logicamente, embora a sua capacidade de compreensão se mantivesse intacta. Foi-se, assim, encontrada no cérebro humano uma das áreas envolvidas com a linguagem, nesse caso sua expressão (essa região cerebral foi denominada área de Broca). A partir do estudo meticuloso de casos individuais, conhecimentos gerais de como o cérebro funciona podem ser atingidos.

Na realidade, o salto do particular para o geral é comum na literatura: da paixão de Anna Karenina por outro homem que não o seu marido, à dificuldade de viver um amor contrário à aprovação da sociedade (e talvez, como Tolstói inicia o romance, "famílias felizes são todas iguais; cada família infeliz é infeliz da sua própria maneira"). No teatro: do drama angustiante de Hamlet, cujo pai foi assassinado pelo próprio irmão que desejava a mãe de Hamlet, à questão geral sobre qual é o significado da vida; vale a pena viver mesmo com todos os conflitos e angústias da vida? No cinema: do silêncio intencional de Elisabet à busca geral da identidade, em *Persona*, de Bergman, e também, do mesmo diretor, em *O Sétimo Selo*, do cavaleiro que joga xadrez com a personificação da morte (já que a combustão da vida se faz em uma frágil chama) à morte inescapável a que todos nós, seres humanos, vamos comungar. Da história individual de cada personagem ao significado do amor, relacionamentos sociais, vida e morte.

De outro lado, é também a partir do conhecimento geral adquirido que tentamos direcionar as nossas próprias vidas. O geral guia o individual. A medicina é dirigida pelo conhecimento geral acumulado pelas doenças e tratamentos ao longo dos anos ao abordar cada caso individual. A ciência, em seu domínio universal, também procura a compreensão do subjetivo. Não se sabe como a atividade elétrica neuronal possibilita a experiência única e subjetiva de cada indivíduo.

Em neurociência, esse vibrante conflito está em busca de um acordo. Existem grupos que estudam *networks* cerebrais, por exemplo, ao obter imagens da ativação de circuitos cerebrais relacionados a determinados comportamentos. Outros procuram modificações celulares e moleculares associadas a mudanças de comportamento, realizando a viagem reducionista. Ao utilizar modelos de animais, células em cultura, moléculas particulares podemos entender, em outro nível, os mecanismos e estabelecer mais facilmente relações causais em processos fisiológicos e patológicos. A perspectiva reducionista possibilita uma outra visão que nos permite, muitas vezes, olhar o complexo do todo com olhos mais verdadeiros.

Para ilustrar, com o nascimento das imagens de funcionamento cerebral, como a ressonância magnética funcional e a tomografia de emissão de pósitrons nos anos de 1990, foi possível detectar, no cérebro humano, quais áreas estão metabolicamente mais ativas em uma determinada tarefa comportamental, por exemplo, visualizar faces, ou em um paradigma de aprendizagem, provendo *insight* de como o circuito cerebral está organizado enquanto o cérebro está aprendendo. No nível molecular, foi possível entender como RNAs mensageiros individuais são transcritos de genes do DNA (e mais recentemente o papel de micros RNAs que controlam a transdução de RNAs mensageiros alvos) para a formação de proteínas. Essas proteínas modificam os dendritos das sinapses que conectam os neurônios, possibilitando modificações cerebrais estruturais e funcionais que, em termos comportamentais, intensificarão memória e aprendizagem, por exemplo. De *networks* neuronais a moléculas. De moléculas a *networks* neuronais.

Devemos enfatizar o individual e buscar a satisfação e o florescer em nossa própria individualidade, em nossos seres criativos e intelectualmente apaixonados ou devemos enfocar nossos olhares ao benefício da sociedade? Seria a busca do universal mais confortável que a dura concretude de apreciar a experiência do viver de cada indivíduo? Ou, como o meu querido tio Roberto me escreveu com a sua própria resposta, "agora já no meio do caminho, em busca certamente do universal mas seguro de que só nos universalizamos pelo particular, pelo concreto das lutas (internas e externas), numa não linearidade alucinante e estocástica que define o experimento insondável do viver"? A conspícua tensão entre o particular e o universal habita dentro de nós. Somos seres únicos, com nossas próprias razões, medos, amores, desejos e experiências concretas, mas também parte de uma espécie comum, *Homo sapiens*, que nos agrupa.

Estamos ao mesmo tempo sozinhos em nossa própria individualidade e unicidade e também numa sociedade culturalmente dinâmica, ocupando um espaço e vivendo em um tempo finito no universo. Somos fios solitários e únicos inescapavelmente entrelaçados nas intricadas malhas da vida.

# 15.
# Consciência

O que é esta entidade que não apenas nos mantém acordados, mas nos permite também perceber o mundo exterior, sentir, pensar, amar, refletir sobre o nosso passado, planejar o futuro e unificar nossas percepções? O enigma da consciência impinge um dos maiores desafios à neurociência.

Antes de examinarmos o problema da consciência, podemos questionar: a consciência é tudo? Será que existe também um submundo dentro de nós sem que saibamos? Sigmund Freud elaborou a ideia de que a maioria das coisas está abaixo do manto da nossa percepção. Elas podem estar não só muito acima, mas especialmente estão muito abaixo do que imaginamos. Freud enfatizou que o mundo inconsciente, em uma conspícua tensão entre autoproteção e autorrevelação, é povoado por sentimentos e pensamentos reprimidos e que estes exercem enorme papel em nossas vidas cognitiva e afetiva.

Diversos estudos científicos têm procurado entender o inconsciente biologicamente. No íntimo, sabemos que a nossa mente está trabalhando em problemas mesmo quando não estamos propositalmente pensando neles. Normalmente percebemos isto, por exemplo, pelo nosso nível de concentração quando nos engajamos em atividades ou pela experiência de acordar e ter a sensação de uma mente fresca com soluções para os problemas explosivos com que fomos dormir. Sabemos que é essencial nos darmos tempo para deixar nossa mente trabalhar, de modo consciente e inconsciente, para tomarmos as importantes decisões das nossas vidas, para encontrar o que o nosso interior íntimo realmente quer. Eric Kandel, um incrível neurocientista laureado com o prêmio Nobel de medicina e fisiologia, finalizou sua autobiografia da seguinte forma: "E seguindo os meus instintos, meus processos de pensamento inconscientes, e atentando-me ao que então parecia uma chamada impossivelmente distante, fui levado a uma vida de que tenho desfrutado imensamente"[1]. Até os maiores cientistas reconhecem que nem tudo pode ser completamente racionalizado e explicado no complexo emaranhado da vida. Existe também um impulso íntimo e inconsciente que nos propele a fazer escolhas e que constrói e se deixa construir em nossos caminhos.

---

1 Eric R. Kandel, *In Search of Memory: The Emergence of a New Science of Mind*, New York: W. W. Norton & Company, 2007, p. 429.

Após essa breve passagem pelo "submundo", que tal o "sobremundo"? As coisas que existem porém não estão dentro do domínio da nossa consciência. Quantas galáxias e planetas estão ainda por ser descobertos? As unidades da matéria que não podemos enxergar e que podem um dia ser ainda mais tolhidas cientificamente além dos átomos e quarks. É inevitável tocar na questão filosófica sobre o que realmente é. Muitos pensadores consideram que a realidade não existe fora das mentes. Estaríamos presos em nossas mentes. Tudo é percebido e traduzido em conceitos cerebrais. Não temos acesso direto e objetivo ao mundo real. Sob outra perspectiva, concebe-se também que esse mundo real existe independentemente de mentes humanas, sendo provavelmente muito maior e menor do que a nossa consciência é capaz de perceber, e que a ciência, mesmo com suas limitações, proporcionaria a melhor abordagem para entender e expandir o conhecimento humano desse mundo real.

Finalmente, o que é a consciência? Estar consciente é estar ciente da percepção, é estar autociente, "estar ciente de estar ciente" e ser capaz de refletir sobre nossas experiências pessoais.

É essencial realizar duas distinções importantes em relação à denominação consciência. A primeira refere-se ao nível de consciência, isto é, estar alerta, sonolento, em estupor ou coma, regulado pelo sistema reticular ascendente, no tronco cerebral. A segunda é, por exemplo, o meu estar consciente de ver o verde destas folhas não longe de mim. É o conteúdo específico de uma experiência consciente. A primeira permite que a segunda ocorra. Mais precisamente, existe algo de muito especial a cada único momento – o agora, o estado atual da consciência. O meu "agora" que me faz olhar e meu cérebro perceber o verde das folhas das árvores do cemitério judaico em Berlim, faz-me indagar sobre a natureza da consciência e digitar no meu laptop. Esses múltiplos processamentos cognitivos são unificados a uma experiência única e coerente, que pode, por exemplo, ser relembrada posteriormente. Os mecanismos pelos quais isto é possível são ainda um insondável e obscuro mistério que a neurociência ambiciosamente procura desvelar.

Pensadores como Colin McGinn consideram que a consciência não é um problema tratável, já que existem limites da cognição humana. Podemos não ter o aparato computacional cerebral para resolver essa questão. É difícil saber o limite do conhecimento. Outros, como Patrícia Churchland e Daniel Dennett, acreditam que não há problema algum. A consciência é a consequência de funções cognitivas altamente complexas. É parte do cérebro em operação. É como referir às pernas quando caminhamos. Outros ainda, como Thomas Nagel, consideram que a ciência não possui, até agora, as ferramentas para decifrar esse mistério, pois a experiência da consciência é inevitavelmente subjetiva, já a ciência lida com as dimensões do geral e do objetivo. Realmente, não sabemos como a atividade elétrica dos neurônios se transforma na experiência subjetiva de cada indivíduo: momentos únicos que fazem, por exemplo, o meu olhar sob as folhas verdes que se refletem iluminadas pela janela deste apartamento em Berlim particularmente especial para mim neste momento. Outros as enxergariam com menos sentimentalidade. O olhar de uma mãe para seu filho carrega em si um imenso mundo único de significados. Não compreendemos a natureza desse "elemento subjetivo", no entanto isso não deve coibir a ciência da busca da compreensão da consciência, mesmo que esta exista apenas na esfera individual. É normalmente através de conhecimento acumulado, passo a passo, que as grandes descobertas se podem fazer.

Francis Crick, um dos maiores cientistas do século vinte, que descobriu o DNA juntamente com Jim Watson (Watson descreveu que, após a descoberta, Francis Crick correu para o Pub – Eagle –, que frequentavam, gritando que eles haviam descoberto o segredo da vida!), dedicou suas últimas décadas de vida, em colaboração com Christof Koch, à tentativa de decifrar o outro grande segredo da vida: a consciência. Com tão difícil empreendimento, apenas um modesto avanço foi possível. Crick, entretanto, colocou a consciência no domínio científico e especulou sobre seus paradigmas. Ele acreditava que poderiam ser encontradas, no cérebro, áreas específicas que se correlacionam com a experiência do consciente e do inconsciente, em contraposição a outros que pensavam que a consciência está difusamente dispersa no cérebro, como Gerald Edelman. Crick proclamava que existiria uma ou algumas poucas áreas cerebrais onde as diversas informações sensoriais em um indivíduo atento seriam ligadas (a atenção parece ser crucial para a experiência da consciência). Uma área que faria coerente a minha experiência agora de ver o verde das árvores do cemitério judaico, imaginar sobre a vida passada das pessoas que lá habitam e, percebendo este verde, indagar sobre como o meu cérebro é capaz de percebê-lo. Nos últimos dias de sua vida, em um ritmo frenético de trabalho, juntamente com um tratamento para câncer, ainda revisando o seu último artigo, Crick disse a amigos que acreditava que essa área tinha de ser o *claustrum*, uma região que se conecta extensivamente aos córtices sensorial, motor e à amígdala, e que ele intencionava estudar esta região em profundidade.

Diversos estudos têm-se focalizado na consciência e percepção visual a fim de começar a decifrar o grande enigma da consciência humana. Experimentos baseados na rivalidade binocular (*binocular rivalry*) têm provado ser um paradigma profícuo para o estudo dos correlatos neuronais das experiências visuais conscientes. Quando duas imagens distintas são apresentadas a áreas correspondentes dos dois olhos, elas competem pela dominância perceptiva. Por exemplo, se um conjunto de linhas verticais é apresentado a um olho, e um conjunto de linhas horizontais à mesma região da retina do outro olho, às vezes linhas verticais são vistas sem vestígios de linhas horizontais, e outras vezes apenas linhas horizontais são enxergadas, sem a presença das linhas verticais. A percepção visual modifica-se, portanto, sem a alteração do estímulo visual. Os estudiosos da percepção visual têm-se interessado em registrar e compreender essa transição espontânea da percepção visual. Experimentos de neuroimagem durante a rivalidade binocular proveram evidência de que a ativação de áreas nos córtices parietal e frontal correlaciona-se com a consciência visual quando a percepção consciente de uma pessoa transita de uma imagem a outra. Consistentemente, pacientes com lesões nessas áreas apresentam prejuízo na percepção visual (embora seja claro que é o córtex occipital, que se localiza mais posteriormente, o responsável pelo processamento visual). Parece que os córtices parietal e frontal enviam informações ao córtex occipital sobre o que deve vir à tona do consciente, e o córtex occipital realiza esse trabalho (Crick, no entanto, poderia argumentar que o *claustrum* coordena essas áreas). É interessante que tais localizações se sobrepõem às áreas ativadas durante a atenção, enfatizando a hipótese de que a consciência e a atenção estão intimamente relacionadas e a atenção modula a consciência visual.

Amit Etkin, Eric Kandel e Joy Hirsh, da Universidade de Columbia, em Nova York, conduziram experimentos de imagem cerebral sobre as diferenças de como o cérebro processa informações emocionais no nível do consciente e do inconsciente. Aos participantes do estudo foram mostradas figuras de faces com expressão de medo, de maneira que o processamento cerebral dessa percepção ocorresse consciente e inconscientemente (neste caso, as faces eram visualizadas de maneira tão rápida que os sujeitos muitas vezes sequer percebiam que as haviam visto). Enquanto os participantes enxergavam as expressões faciais, imagens de seus cérebros foram obtidas através de ressonância magnética funcional. Como era de se esperar, a amígdala (área cerebral associada ao processamento emocional) foi ativada. Entretanto, o achado curioso foi que diferentes sub-regiões da amígdala foram ativadas para o processamento das imagens quando conscientes e ao serem percebidas inconscientemente. Ainda mais, a sub-região ativada no processamento inconsciente (chamada amígdala basolateral) correlaciona-se com o nível basal de ansiedade das pessoas. Quanto mais ansiosa a pessoa, maior a ativação inconsciente da amígdala basolateral. Esse experimento traz algumas reflexões interessantes. Primeiro, o cérebro processa diferentemente as informações emocionais conscientes e inconscientes. Segundo, o processamento da percepção do medo inconsciente afeta muito mais as pessoas com um alto nível basal de ansiedade. Essas experiências de imagens validam algumas das ideias de Freud: os efeitos da ansiedade moram muito mais no universo da imaginação, do inconsciente, do que no consciente propriamente dito. O estudo sugere também como os conflitos do inconsciente são processados no cérebro (para Freud, a psicopatologia seria proveniente de conflitos do inconsciente, e a psicanálise propõe trazê-los à tona do consciente para resolvê-los) e, principalmente, suporta a ideia freudiana do fluxo de processamento inconsciente cerebral.

Grandes questões pairam sobre a consciência: como o cérebro pode unificar os múltiplos processos sensoriais, cognitivos e motores como uma experiência consciente única e coerente? Qual é a base neural anatômica e fisiológica dela? Quais áreas são ativadas, quais são as conexões, que padrões específicos de atividade elétrica neuronal são necessários?

Quais são as moléculas envolvidas? E, ainda mais intrigante que isso tudo, como podemos refletir sobre nós mesmos? O cérebro é uma indisputável e formidável máquina que é ciente e pensa sobre si própria. Daí, outra questão imensamente difícil vem à tona: qual é a natureza exata da tradução da atividade neuronal para a experiência subjetiva da consciência, única para cada indivíduo, com os sentimentos, memórias e significados próprios de cada pessoa?

A neurociência começou a avançar nos estudos sobre a consciência humana. Ainda nesse imenso desconhecimento e apesar das, até agora, limitadas ferramentas para tanto, esperamos que, passo a passo, acumulemos conhecimento sobre a natureza do consciente e inconsciente humanos, abordando empiricamente esses enigmas que ainda pesadamente se impõem sobre e sob nós.

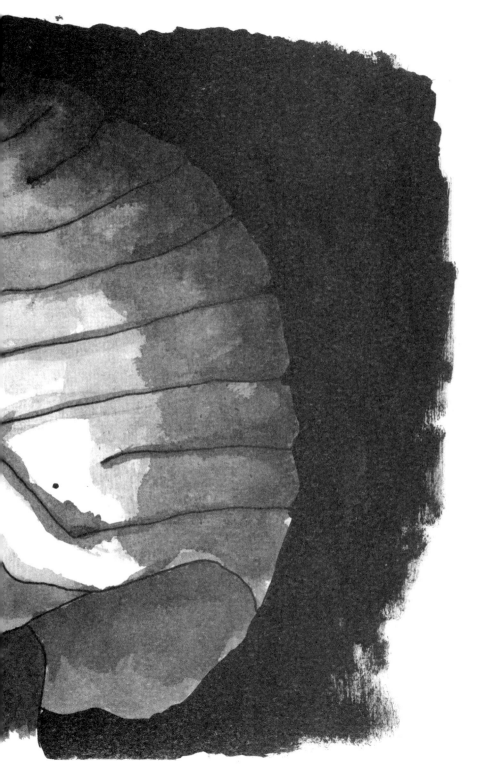

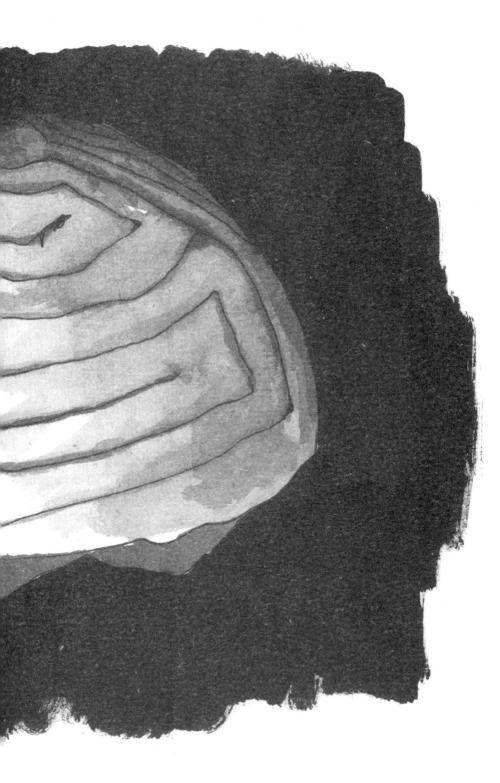

# Índice Onomástico

Allen, Woody   112
Auden, W.H.   39, 90

Bacon, Francis   119, 120n
Beauvoir, Simone de   54
Beckmann, Max   125
Bergman, Ingmar   112, 131
Berkeley, George   34
Brodsky, Joseph   62

Campos, Álvaro de (pseudônimo de Fernando Pessoa)   93
Caravaggio   61
Churchill, Winston   96
Churchland, Patrícia   138
Cranach, Lucas   61
Crick, Francis   139-141

Darwin, Charles   126
Descartes, René   34, 42
Dickson, Emily   115
Dostoiévski, Fiódor   43, 102

Edelman, Gerald   139
Etkin, Amit   141

Freud, Sigmund   55, 76, 102, 135, 142

Giannetti, Eduardo   18, 21, 53, 97
Guimarães Rosa   91

Hegel, G. W. F.   54, 59
Hirsh, Joy   141
Hipócrates   42
Homero   50
Horácio   58
Hubel, David Hunter   60
Hume, David   34, 59, 66

James, William   127

Kandel, Eric R.   16, 21, 36, 136, 141
Kant, Immanuel   34, 35, 59
Kirchmer, Ernst   125
Klimt, Gustav   61
Koch, Christof   139

153

Koch, Robert   69-71
Kokoschka, Oskar   125

Lange, Carl   127
Leibniz, Gottfried   34
Locke, Jonh   34, 35

Mahler, Gustav   96
Marshall, Barry   70
McGinn, Colin   138
Milosz, Czeslaw   58, 115, 121
Moraes, Vinícius de   91

Nagel, Thomas   42, 43n, 77n, 138
Nolde, Emil   125

Pessoa, Fernando   46, 93, 115, 121
Plath, Sylvia   96
Pollock, Jackson   61
Proust, Marcel   123

Rilke, Rainer Maria   115, 121
Russell, Bertrand   66, 67

Salonen, Esa-Pekka   98

Sartre, Jean-Paul   53, 54n, 101
Schiele, Egon   125
Shaw, George Bernard   118, 119n
Small, Scott   13, 20
Spinoza, Benedict   42

Tchekov, Anton   89
Tolstói, Liev   131
T. S. Eliot   53

Urbach, Erich   125

Viana, Malu   21
Viana, Roberto   21

Wagner, Richard   62
Warren, Robin   70
Watson, Jim   139
Whitman, Walt   115, 121
Wiesel, Torsten   60
Wiethe, Camillo   125
Wilde, Oscar   62
Woolf, Virginia   96, 123

Zola, Émile   101

COLEÇÃO BIG BANG

ARTECIÊNCIA:
AFLUÊNCIA DE SIGNOS CO-MOVENTES
Roland de Azeredo Campos

BREVE LAPSO ENTRE O OVO E A GALINHA
Mariano Sigman

CTRL+ART+DEL: DISTÚRBIOS EM ARTE E TECNOLOGIA
Fábio Oliveira Nunes

DIÁLOGOS SOBRE O CONHECIMENTO
Paul K. Feyerabend

DICIONÁRIO DE FILOSOFIA
Mario Bunge

EM TORNO DA MENTE
Ana Carolina Guedes Pereira

A MENTE SEGUNDO DENNET
João de Fernandes Teixeira

METAMAT! EM BUSCA DO ÔMEGA
Gregory Chaitin

O MUNDO E O HOMEM:
UMA AGENDA DO SÉCULO XXI À LUZ DA CIÊNCIA
José Goldemberg

PREMATURIDADE NA DESCOBERTA CIENTÍFICA:
SOBRE RESISTÊNCIA E NEGLIGÊNCIA
Ernest B. Hook (org.)

O TEMPO DAS REDES
Fábio Duarte, Queila Souza e Carlos Quandt

UMA NOVA FÍSICA
André Koch Torres Assis.

O UNIVERSO VERMELHO:
DESVIOS PARA O VERMELHO, COSMOLOGIA E CIÊNCIA ACADÊMICA
Halton Arp

Este livro foi impresso em junho de 2010,
nas oficinas da Cometa Gráfica e Editora Ltda., em São Paulo,
para a Editora Perspectiva S.A.